Programacion Con

PYTHON

Guía Completa para Principiantes Aprende sobre
Los Reinos De La programación Con Python

Table of Contents

Introducción

En muchos casos, escuchamos a la gente hablar de programación y cómo es difícil utilizar diferentes lenguajes de programación en su programa. La programación no es tan difícil como mucha gente piensa. Hay diferentes tipos de lenguajes de programación de los cuales se puede elegir al hacer un programa. Estos lenguajes incluyen JavaScript, C++ y Python. A medida que comenzamos a aprender sobre el lenguaje de programación Python, comprenderá todas las capas de Python y sus conceptos y cómo es fácil de usar para la programación. Leer este libro también le dará poder con las habilidades de programación necesarias.

La programación no es tan grave como la mayoría de la gente piensa. Sólo es difícil para principiantes. Hay muchos lenguajes de programación, y los lenguajes de programación más populares incluyen C+ y Java, que la mayoría de la gente se siente asustada cuando se entera de ellos. Las páginas a veces están llenas de símbolos y letras que usted, como principiante, no puede entenderlas. Aunque la programación asusta a muchas personas debido a la sensación de que es demasiado difícil para ellos aprender, el lenguaje de programación Python es uno de los lenguajes de programación más originales para que un individuo aprenda sobre programación e incluso lo estudie como profesional.

En este libro, se le proporcionarán los conceptos básicos de la programación de Python. Para entender mejor cómo empezar en la programación DeYthon, el libro comenzará hablando de programación de Python, pasos para descargar el programa si no tienes en tu ordenador, e importancia de estudiar la programación de Python. A continuación, definirá algunas palabras clave esenciales para que un individuo entienda el programa y, finalmente, hablará sobre los efectos del uso de Python en la programación y programación.

Por último, el libro hablará de muchas cosas diferentes que un individuo puede hacer dentro de la programación de Python y proporcionará un ejemplo para cada escenario. Estos implican trabajar con enteros y cadenas, trabajar con variables y formas de agregar comentarios en el código. De hecho, será interesante para usted ver cómo funciona el lenguaje de programación python. Con Python, puede determinar rápidamente qué puede funcionar de forma productiva y qué requiere más práctica.

Capítulo 1

Comprender Python

La introducción de tecnologías, en particular computadoras, ha impactado nuestros comportamientos de manera diferente. Algunas personas pasan la mayor parte de su tiempo en computadoras creando programas y sitios web para ganarse la vida, mientras que otras se meten con computadoras para tratar de entender muchas cosas diferentes sobre el funcionamiento de las máquinas. La programación es una de las áreas de las redes en las que la mayoría de las personas en el mundo se concentran como fuente de sus ingresos. Pueden trabajar en una corporación o en la reparación de computadoras para proteger los ordenadores de cualquier ataque como hackers o virus.

Sin embargo, nada es simple cuando se trata de tecnología informática. Antes de empezar a trabajar en cualquier programa informático, es esencial poner más énfasis en las cosas básicas, incluyendo los códigos y el lenguaje correctos, ya que estos le permitirán entregar el programa correcto. Con la disponibilidad de muchas opciones de creación de cableado como C++ , Python y Java, puede elegir un método en el que sea experto y que también le facilitará su trabajo. En este libro, nos concentraremos en Python y por qué es bueno que otros lenguajes de programación.

Una de las herramientas de ming de programa de más alto nivel es Python porque cualquiera, incluidos los principiantes o expertos, puede usarlo y leerlo con facilidad. El secreto para usar Python es poder leerlo porque comprende sintaxis, que le permite, como programador, expresar sus conceptos sin crear necesariamente una página de programación. Esto es lo que hace que Python sea fácil de usar y leer que los otros códigos, incluyendo C++ y Java. Por lo general, Python es el mejor lenguaje para usted debido a su facilidad de uso y legibilidad. Por lo tanto, estamos seguros de que será fácil para usted leer y entender todos los códigos que está poniendo mientras crea su primer programa durante y después de este curso.

Características de Python

Python tiene las siguientes características:

- Biblioteca grande: Funciona con otros proyectos de programación como buscar textos, conectarse a los servidores web e intercambiar archivos.

- Interactivo: Usar Python es muy fácil, ya que puede probar fácilmente los códigos para determinar si están funcionando.

- Es un software libre; por lo tanto, puede descargarlo de Internet en cualquier momento utilizando su ordenador.

- El lenguaje de programación de Python se puede ampliar a otros módulos como C++ y C.

- Tiene una sintaxis elegante que facilita la lectura y el uso de los principiantes.

- Tiene una variedad de tipos de datos básicos para elegir.

Historia de Python

La programación de Python fue descubierta por Guido Van Rossum en 1989 mientras manejaba un proyecto con el instituto de investigación holandés CWI, aunque fue terminado más tarde. Guido utilizó con éxito algunos de los lenguajes básicos, llamados lenguaje ABC para trabajar en Python. Según Van Rossum, la fuerza del lenguaje Python es que puedes mantenerlo simple o extenderlo a más complejo para soportar muchas plataformas a la vez. Su diseño facilitó que el sistema se comunicara fácilmente con las bibliotecas, así como con diferentes formatos de archivo.

Desde su introducción, muchos programadores están utilizando Python en el mundo y, de hecho, se han incluido muchas herramientas para aumentar su funcionamiento y eficiencia. Muchos programadores han puesto en marcha varias iniciativas para educar a cada persona sobre el uso del lenguaje de programación python y cómo puede ayudar a eliminar los temores de códigos informáticos complejos.

El Python fue, sin embargo, hecho de código abierto por Van Rossum hace algunos años para permitir que todos los programadores accedan e incluso hagan cambios en él. Esto cambió significativamente muchas cosas en el campo de la programación. Hubo, por ejemplo, una versión de Python 2.0. Python 2.0 estaba orientado a la comunidad, lo que permitía ser transparente en el proceso de desarrollo. Aunque muchas personas no están usando Python, todavía hay algunos programadores y organizaciones que están usando algunas de sus versiones.

El Python 3, una versión única, fue lanzado al mercado en 2008. A pesar de que la versión viene con muchas características diferentes, es completamente diferente de las dos primeras versiones, y no es fácil de actualizar al programa. Aunque esta versión no tiene compatibilidad con versiones anteriores, tiene un pequeño fabricante para mostrar qué se va a cambiar al cargar los archivos.

Por qué deberías usar Python

Hay muchos tipos de programas de programación informática en el mundo, cada uno con sus ventajas y desventajas. Python, sin embargo, ha surgido a la mejor opción debido a varias razones como la legibilidad y se puede utilizar en muchas plataformas sin cambiar las cosas. El uso de Python tiene las siguientes ventajas;

* Legibilidad

Dado que está diseñado en el idioma inglés, a un principiante le resulta fácil de leer y a nosotros. También hay un conjunto de reglas que ayudan al programador a entender cómo formatear todo, y esto hace que sea fácil para un codificador crear un código simple que otras personas pueden seguir al hacer sus proyectos usarlo.

* Comunidad

Hoy en día, hay muchos talleres para Python en el mundo. Un principiante puede visitar en línea, fuera de línea, o ambos para aprender más o incluso buscar aclaraciones sobre Python. Además, tanto los talleres en línea como fuera de línea, pueden mejorar su comprensión de Python, así como sus habilidades de socialización. Es mejor para el ordenador personal, ya que funciona con éxito en muchas plataformas diferentes. De hecho, a todos los principiantes les resulta fácil codificar o aprender del experto.

- Bibliotecas

Durante más de 25 años, los programadores han estado usando Python para enseñarle a los principiantes sobre el uso de diferentes códigos escritos con él. El sistema está muy abierto a los programadores, y pueden utilizar los códigos disponibles sin restricciones. De hecho, un alumno puede descargar e instalar el sistema y usarlo para uso personal como escribir sus códigos y completar el producto.

Términos comunes en Python

Comprender los términos estándar utilizados en Python es esencial para usted. Hace que todo sea fácil de saber al empezar. Los siguientes son los términos más comunes en el lenguaje de programación Python;

- ❖ Función: hace referencia a un bloque de código, invocado cuando un programador utiliza un programa de llamada. Su propósito es proporcionar servicios gratuitos y cálculos precisos también.

- ❖ Clase: plantilla utilizada para desarrollar objetos definidos por el usuario. Es amigable y fácil de usar por cualquier persona, incluyendo los principiantes.

- ❖ Inmutable: hace referencia a un objeto asignado a un valor fijo y se encuentra dentro del código. Pueden ser números, cadenas o tuplas. Tal objeto no puede ser alterado.

❖ Docstring: hace referencia a una cadena que aparece dentro de la función, la definición de clase y el módulo. Este objeto siempre está disponible en las herramientas de documentación.

❖ Lista: hace referencia al tipo de datos creado dentro de Python y contiene valores ordenados. Estos valores incluyen cadenas y números.

❖ IDLE: representa un entorno de desarrollo integrado que permite a los usuarios escribir el código a medida que lo interpreta y edita en la misma ventana. Más adecuado para los principiantes, ya que es un excelente ejemplo de código.

❖ Interactivo: Python se ha convertido en el lenguaje de programación más adecuado para los principiantes debido a su naturaleza interactiva. Como principiante, puedes probar muchas cosas en el IDLE (intérprete) para ver su reacción y efectos).

❖ Triple Cadena entrecomillada: la cadena ayuda a un individuo a tener comillas simples y dobles en la cadena, lo que facilita el paso a través de diferentes líneas de código.

❖ Objeto: hace referencia a cualquier dato dentro de un estado como actitudes, métodos, comportamiento definido o valores.

❖ Tipo: hace referencia a un grupo de categorías de datos en el lenguaje de programación y difieren en propiedades, funciones y métodos.

❖ Tupla: hace referencia al tipo de datos build en Python y es una secuencia inmutable de valores, aunque contiene algunos valores mutables.

Cómo empezar a usar Python

Después de aprender sobre el origen de Python y los términos estándar utilizados en Python, ahora es el momento de comenzar. Hay muchos pasos que un alumno tiene que tener en cuenta para entender con éxito el lenguaje de programación Python, e implican la configuración de un entorno de trabajo agradable. Es esencial que todos los estudiantes tengan computadoras personales o computadoras portátiles. Los ordenadores con Ubuntu o Mac OSX vienen con Python; sólo necesita instalarlo. Siga los siguientes pasos para comenzar a usar Python de forma eficaz;

• *Descargar Python*

Las versiones de Python 2 y Python 3 funcionan bien en cualquier equipo. Puede descargar cualquiera de estas versiones pasando por www.python.org. Aquellos que tienen Linux o Mac sólo son necesarios para instalar Python porque ya tienen Python. Sin embargo, si encuentras que tu ordenador tiene la versión 2.7, es bueno instalar la última versión porque la mayoría de los programas de programación de este libro funcionan bien con la última versión de Python.

Una vez que haya descargado la versión, haga clic en ella para ejecutar el instalador de Python hasta que vea la opción de la instalación de personalización y elija. Mostrará una caja emergente. Asegúrese de hacer clic en todos los cuadros que se encuentran en Características opcionales antes de continuar con el paso siguiente. Finalmente, seleccione las opciones avanzadas y luego el lugar en el que desea mantener la instalación de Python.

- *Configure la variable PATH*

Para los principiantes, este paso suena duro teóricamente, pero es sencillo, ya que toma menos de diez minutos para que un individuo lo entienda completamente. Incluye diccionarios para todos los paquetes necesarios. En el equipo Windows, abra el panel de control y haga clic en editar en la variable de entorno del sistema. Aunque puede comprobar la siguiente parte antes de buscar las variables de usuario, es esencial editar o crear una nueva ruta de acceso. Puede crear una nueva ruta eligiendo PATH y agréguela a los directorios disponibles. Separe cada valor de variable con un punto y coma si está creando una nueva ruta de acceso, pero asegúrese de que cada valor no es su línea si está editando la ruta actual.

A continuación, abra el símbolo del sistema haciendo clic en Inicio, Sistema de viento y Símbolo del sistema.

- *Editor de texto*

No es posible programar Python en su ordenador si no tiene un editor de texto. Un editor de texto es una característica importante. Aquellos que utilizan Windows, sin embargo, pueden utilizar la función Bloc de notas. No debe utilizar la palabra porque no se guardará correctamente en el sistema. El Bloc de notas ++ es el recomendado para aquellos que planean utilizar la versión del Bloc de notas, mientras que Text Wrangler es adecuado para Mac.

Mac

Si está utilizando Mac, asegúrese de descargar e instalar Text Wrangler. Es software libre, y no debe registrarse. Después de instalar el software, ahora es el momento de aprender sobre la programación y las funciones en Python.

Ventajas del lenguaje Python

El uso del programa Python tiene muchas ventajas en comparación con otros lenguajes de programación como C++ y Java. Usted estará feliz de ver su disponibilidad y lo fácil que es aprender y utilizar el programa Python. Idealmente, es el mejor lenguaje de programación para usar en este momento, especialmente si eres un principiante. Las siguientes son algunas de las ventajas de usar el lenguaje Python;

❖ *Es fácil de usar, escribir y leer*

Muchos programadores se enfrentan a algunos desafíos al utilizar lenguajes de programación como Java y C++. Es difícil mirarlos debido a su diseño. Uno tiene que pasar mucho tiempo aprendiendo sobre el uso de corchetes y también no es fácil reconocer algunas de las palabras utilizadas en estos lenguajes de programación. Tales palabras pueden asustarte, especialmente si solo estás siendo introducido en los lenguajes de programación. A diferencia de los lenguajes Java y C++, Python no hace uso de corchetes locos. Sólo utiliza sangrías, lo que facilita la lectura de la página. Utiliza el inglés por lo que es fácil para usted entender los caracteres.

Además de usar sangrías, Python utiliza muchos espacios en blanco, lo que facilita aprender y leer lo que se necesita. Consiste en muchos lugares con comentarios para que pueda entender u obtener aclaraciones en caso de que el programa lo confunda. Por lo tanto, echa un vistazo a él, y verá lo fácil que es usar el lenguaje de programación Python.

❖ *Utiliza el inglés como idioma principal*

Usar Python es fácil porque su idioma principal es el inglés. Como principiante, pasará menos tiempo leyendo y comprendiendo las palabras básicas utilizadas en la programación de Python. Por lo tanto, ya sea que sea nativo o no nativo de habla inglesa, Python es mejor para usted, ya que la mayoría de las palabras son simples y fáciles de entender.

❖ *Python ya está disponible en algunos ordenadores*

Algunos ordenadores como macOS sistemas y Ubuntu vienen con Python precargado. En este caso, solo necesita descargar el intérprete de texto para permitirle comenzar en la programación de Python. Sin embargo, es necesario descargar el programa en su ordenador si está utilizando un ordenador Window. De hecho, Python funcionará bien incluso si no lo instaló desde el principio.

❖ *Python funciona perfectamente con otros lenguajes de programación*

Por primera vez, comenzará a usar solo Python. Sin embargo, se dará cuenta de que Python puede trabajar con otro lenguaje a medida que avanza con la programación. Algunos de los lenguajes de programación con los que puede trabajar con Python incluyen C++ y JavaScript. Trate de aprender más sobre Python y lo que puede hacer prácticamente. Usted será capaz de explorar muchas cosas con el tiempo.

❖ *Python se puede utilizar para probar muchas cosas*

Debe descargar el intérprete de prueba una vez que haya descargado Python. El intérprete de pruebas desempeña un papel importante al permitir que Python lea la información. Es bueno utilizar un producto simple como Bloc de notas disponible en su Windows u otros intérpretes.

Desventajas de usar la programación de Python

Aunque hay muchos beneficios asociados con el uso de Python, es esencial reconocer algunos efectos adversos de su uso. Algunas personas prefieren usar otros lenguajes de programación como C++ y JavaScript a Python debido a los siguientes impactos negativos de Python.

❖ *Python tiene baja velocidad*

A pesar de que Python funciona bien con otros lenguajes de programación y es adecuado para los principiantes, es desafortunado que Python no sea ideal para aquellos programadores que buscan un programa que tenga mucha velocidad porque es un lenguaje interpretado con una velocidad baja que el otras opciones. El nivel de la velocidad depende del contenido que esté traduciendo porque algunos puntos de referencia con código Python se ejecutan más rápido en comparación con otros códigos. Actualmente, muchos programadores de todo el mundo están tratando de resolver este problema haciendo que la velocidad de interpretación sea más rápida. Es esperanzado que Python pronto trabajará al mismo ritmo o incluso más rápido que C y C++.

❖ *Python no está disponible en la mayoría de los navegadores móviles*

Aunque Python funciona bien para aquellos que tienen computadoras regulares y es accesible en muchas plataformas de servidor y escritorios para ayudar a las personas a crear los códigos que están buscando, todavía no está listo en la informática móvil. Los programadores están tratando de hacer que el programa entre en la informática móvil para acomodar a la gran cantidad actual de personas que utilizan teléfonos móviles.

❖ *Diseño restringido*

El programa Python no es una mejor opción para aquellos programadores que buscan un programa que tenga muchas opciones de diseño. Por ejemplo, el lenguaje de diseño no está disponible en algunas otras opciones; por lo tanto, se tomará más pruebas de tiempo y a veces puede mostrar muchos errores al ejecutar el programa.

Capítulo 2

Los fundamentos de la programación de Python

D espués de comprender el origen y la importancia de Python, ahora es el momento de aprender más sobre la programación de Python. En este capítulo, aprenderá sobre las palabras clave y las variables utilizadas para Python para permitirle escribir las palabras que desea, haciendo que el programa funcione correctamente.

Palabras clave

Es esencial saber que cada idioma informático tiene palabras clave específicas antes de empezar a trabajar en su primer programa informático. Tales palabras se utilizan para un propósito particular y tratar de utilizarlos correctamente. Su uso de cualquier manera o en cualquier lugar afectará el éxito de su aplicación. Es evidente que el uso de estas palabras en todas partes puede resultar en una alerta de error, alterando así con el funcionamiento del programa. Las palabras clave más comunes para la programación de Python son; O no, Con, Como, Break, Yield, Assert, Raise, Class, While, Return, Try, Return, Continue, Del, Finally, Except, Def, For, Global, From, Is, None, If, Lambda, NonLocal y Pass.

Nombres de identificadores

Este es el nombre que los programadores utilizan para hacer referencia a las clases, variables y funciones que crean. Tendrá que usar este nombre al crear su programa Python. Las siguientes reglas le ayudarán a crear un identificador en Python correctamente:

1) El identificador no debe comprender ninguna palabra clave.

2) Debe contener guiones bajos, números y letras en mayúsculas, mayúsculas o ambas.

3) No debe comenzar con números.

Creación de un identificador legible

Aunque los identificadores no causan ningún daño al equipo, deben ser claros y legibles. Es obvio que a veces experimentamos problemas para leer y crear códigos. Sin embargo, las siguientes reglas le ayudarán a crear un identificador que sea fácil de leer;

- Asegúrese de seleccionar el nombre que es descriptivo.

- Utilice las abreviaturas con mucho cuidado

Nota;

Siempre debe atenerse a una regla al hacer su programa Python para evitar cualquier confusión. Esté cuidadosamente y asegúrese de que todo se mantenga consistente.

Flujo de control

Trabajar en el lenguaje Python requiere que un usuario escriba las instrucciones al igual que la lista de compras porque el equipo comienza con la primera instrucción y, a continuación, continúe con los pasos siguientes. Por lo tanto, debe escribir los controles deseados al igual que la lista de compras, ya que esto asegurará que el equipo los lea correctamente. Sin embargo, el equipo dejará de leer la lista una vez que haya completado la instrucción final.

Además, seguir todas las instrucciones garantiza que el flujo de control sea fluido y que el ordenador pueda leerlo correctamente. Hace que sea fácil para usted obtener el programa para realizar lo que desea sin causar problemas.

Sangría y punto y coma

Si nos fijamos en los lenguajes de la computadora, es fácil darse cuenta de la presencia de corchetes que se utilizan para mostrar el principio y el final de las instrucciones o incluso para diferenciar bloques de código. Aunque el equipo puede leer los códigos, incluso si no hay sangrías, pero las sangrías facilitan la memoria de todo.

El uso de sangría y punto y coma en la programación no es fácil para los principiantes que utilizan otros lenguajes de programación. Por ejemplo, hay información innecesaria que necesitará introducir para que los seres humanos la lean, aunque la información pueda ser legible por el equipo. Es sólo el Python que hace las cosas de manera diferente, por lo que es fácil para las personas leer.

Además, muchos lenguajes de programación utilizan un punto y coma para informar al equipo sobre el final de la instrucción. Sin embargo, los extremos de línea se utilizan para Python para informar al equipo sobre el final de la instrucción. Puede utilizar punto y coma solo si tiene algunas instrucciones en la misma línea aunque esto se ve como una mala forma en el lenguaje de programación.

Caso de carta

A diferencia de muchos lenguajes informáticos que tratan todas las letras en mayúsculas o minúsculas igual que Python es el único lenguaje sensible a las letras. Maneja tanto la minúscula como la mayúscula de manera diferente. También es esencial que tenga en cuenta que todas las palabras reservadas deben utilizar las minúsculas. Las únicas palabras reservadas de excepción son False, True y None.

Aunque estos básicos hacen que sea fácil para usted para empezar, es esencial para que usted tome más tiempo pasando por el programa para familiarizarse con él. Familiarizarse con el intérprete de texto y otras partes del programa hace que sea fácil de usar y aprender cómo funcionan los botones.

Capítulo 3

Cosas que podemos hacer en Python

En este capítulo, discutiremos muchas cosas que puede hacer en Python. Algunas de las cosas que podemos hacer en Python incluyen los comentarios, lectura y escritura, archivos y enteros, cadenas y variables. Estamos seguros de que después de leer este libro, usted será capaz de crear el programa que se ejecutará eficazmente. Debido a la naturaleza interactiva y descriptiva de Python, un principiante puede manejar muchas cosas usándola. Por lo tanto, en este capítulo se analizarán algunos aspectos y comentarios en Python para ayudarle a empezar. Puede crear códigos increíbles en poco tiempo utilizando el lenguaje de programación Python.

Comentario

Un comentario, en la programación de Python, comienza con el signo . Esto continúa hasta que el programador llega al final de la línea. Un buen ejemplo es;

• Este es un comentario

Impresión (hola, gracias por contactarnos)

Le indica a su ordenador que imprima "hola, gracias por ponerse en contacto con nosotros". De hecho, el intérprete de Python ignora todos los comentarios. Como programador, sin embargo, no debe dejar un comentario después de cada línea. Puede sesión en un comentario cuando necesite explicar algo. Dado que los comentarios largos no son compatibles con Python, es importante utilizar comentarios cortos y descriptivos para evitar que vayan a través de las líneas.

Lectura y escritura

Usted se dará cuenta de que algún programa solicita información específica o mostrar el texto en la pantalla. A veces iniciamos el código del programa informando a los lectores sobre nuestros programas. Para que las cosas parezcan fáciles para los otros codificadores, es importante darle el nombre o título que sea simple y descriptivo.

Como programador, puede utilizar un literal de cadena que comprende la función de impresión para obtener los datos correctos. El literal de cadena es una línea del texto rodeada por las comillas. Pueden ser comillas dobles o simples. Aunque el tipo de citas que un programador usa importa menos, el programador debe terminar con las citas que ha utilizado al principio de la frase. Puede ordenar a su computadora que muestre una frase o una palabra en la pantalla simplemente haciendo lo discutido anteriormente.

Archivos

Además de utilizar la función de impresión para obtener una cadena al imprimir en la pantalla, se puede utilizar para escribir algo en el archivo. En primer lugar, tendrá que abrir el archivo myfile.txt y escribir en él antes de asignarle el archivo my file que es una variable. Una vez que haya completado el primer paso, tendrá que asignar "w" en la nueva línea para decirle al programa que sólo escribirá o realizará cambios después de que el archivo se haya abierto. No es obligatorio utilizar la función de impresión; sólo tiene que utilizar los métodos correctos como el método de lectura.

El método read se utiliza para abrir archivos específicos para ayudarle a leer los datos disponibles. Puede utilizar esta opción para abrir un archivo específico. Generalmente, el método de lectura ayuda a los programadores a leer el contenido en datos variables, lo que les facilita abrir el programa que les gustaría leer.

Enteros

Asegúrese siempre de que los enteros se mantienen como números enteros si los está utilizando. Pueden ser negativos o positivos sólo si no hay decimales. Sin embargo, si su número tiene un punto decimal, utilícelo como un número flotante. Python mostrará automáticamente estos enteros en la pantalla.

Además, no puede colocar un número junto a otros si está utilizando los enteros porque Python es un lenguaje fuertemente tipado; por lo tanto, no los reconocerá cuando los use juntos. Sin embargo, debe juntar el número y la cadena asegurándose de convertir el número en una cadena primero antes de ir a los pasos siguientes.

Citas Triples

Después de leer y entender las comillas simples y dobles, ahora es el momento de mirar las citas triples. Las comillas triples se utilizan para definir el literal que abarca muchas líneas. Puede utilizar tres individuales, dobles o simples al definir un auténtico.

Cadenas

Aunque una cadena es vista como algo complicado para muchos principiantes, es un término utilizado por los programadores cuando se refiere a una secuencia de caracteres y funciona como una lista. Una cadena contiene más funcionalidad que es específica que una lista. Le resultará difícil formatear las cadenas al escribir el código porque algunos mensajes no se arreglarán fácilmente debido a su funcionalidad. El formato de cadena es la única manera de alejarse dentro de una situación de este tipo.

Secuencias de escape

Se utilizan para donar caracteres especiales que son difíciles de escribir en el teclado o aquellos que se pueden reservar para evitar confusiones que pueden ocurrir en la programación.

Precedencia del operador

Le ayudará a realizar un seguimiento de lo que está haciendo en Python. De hecho, hace las cosas fáciles al ordenar la operación para recibir la información correcta. Por lo tanto, tómese el tiempo suficiente para entender cómo funciona la prioridad del operador para evitar confusiones.

Variables

Las variables se refieren a las etiquetas donadas en algún lugar de la memoria del ordenador para almacenar algo como contener valores y números. En la programación escrita estadísticamente, las variables tienen valores predeterminados. Sin embargo, Python le permite utilizar una variable para almacenar muchos tipos diferentes. Por ejemplo, en la calculadora, las variables son como la función de memoria para contener valores que se pueden recuperar en caso de que los necesite más adelante. Las variables solo se pueden borrar si las almacena en el valor más reciente. Tendrá que asignar un nombre a la variable y asegurarse de que tiene un valor entero.

Además, el programador puede definir una variable en Python proporcionando el valor de etiqueta. Por ejemplo, un programador puede nombrar un recuento de variables e incluso convertirlo en un entero de uno, y esto se puede escribir como; cuenta 1. Le permite asignar el mismo nombre a la variable y, de hecho, el intérprete de Python no puede leer la información si está intentando acceder a los valores de la variable no definida. Mostrará un mensaje que muestra el error de sintaxis. Además, Python le ofrece la oportunidad de definir diferentes variables en una línea, aunque esto no sea bueno de acuerdo con nuestra experiencia.

El alcance de una Variable

No es fácil acceder a todo en Python, y habrá diferencias en la longitud de las variables. Sin embargo, la forma en que definimos la variable juega un papel vital en la determinación de la ubicación y la duración del acceso a las variables. La parte del programa que permite acceder a la variable se denomina Scope, mientras que el tiempo necesario para acceder a la variable es una duración.

Las variables globales hacen referencia a las variables definidas en el cuerpo del archivo principal. Estas variables son visibles en todo el archivo y también en el archivo que importa datos específicos. Como tal, estas variables causan un impacto a largo plazo que usted puede notar al trabajar en su programa. Esta es la razón por la que no es bueno utilizar variables globales en el programa Python. Aconsejamos a los programadores que agreguen cosas al espacio de nombres global solo si planean usarlas internacionalmente. Una variable local es una variable definida dentro de otra variable. Puede acceder a las variables locales desde la región a la que están asignadas. Además, las variables están disponibles en las partes específicas del programa.

Modificación de valores

Para muchos lenguajes de programación, es fácil para un individuo definir una variable determinada cuyos valores se han establecido. Los valores que no se pueden modificar ni cambiar, en el lenguaje de programación, se denominan constantes. Aunque este tipo de restricciones no está permitido en Python, se utilizan para asegurarse de que algunas variables están marcadas indicando que nadie debe cambiar esos valores. Debe escribir el nombre en mayúsculas, separados con guiones bajos. A continuación se muestra un buen ejemplo.

NUMBER_OF_HOURS_IN_A_DAY24

No es obligatorio poner el número correcto al final. Dado que la programación de Python no sigue realizando el seguimiento y no tiene reglas para insertar el valor correcto al final, usted es libre y se le permite decir, por ejemplo, que son 25 horas en un día. Sin embargo, es importante poner el valor correcto para que otros codificadores lo usen en caso de que lo deseen.

Modificar valores es esencial en la cadena, ya que permite a un programador cambiar el número máximo en el futuro. Por lo tanto, entender el funcionamiento de la cadena en el programa contribuye mucho al éxito de su programa. Uno tiene que aprender y saber dónde almacenar los valores, las reglas que rigen cada valor y cómo hacerlos funcionar bien en un área específica.

El operador de asignación

Aunque se discutió en este libro anteriormente, no le habíamos dado el nombre específico. Se refiere a un signo igual (o). Utilizará el operador de asignación para asignar valores a la variable situada en el lado izquierdo a la derecha de la instrucción. Sin embargo, debe evaluar si el valor del lado derecho es una expresión aritmética. Tenga en cuenta que el operador de asignación no es un signo matemático en la programación porque, en la programación, se nos permite agregar todo tipo de cosas y hacer que parezcan equivalentes a un número determinado. Este signo se utiliza para mostrar que esos elementos se pueden cambiar o convertir en la pieza del otro lado.

Capítulo 4

Cómo Python ejecuta el programa

Después de discutir las variables, el formato y las cadenas, ahora es el momento de aprender cómo Python ejecuta un programa. En este capítulo, discutiremos los tipos de datos, las implementaciones de Python y los datos estándar. Estoy seguro de que después de leer este Capítulo y el libro, usted será capaz de crear un programa que permitirá a los usuarios utilizar los métodos y la lógica de Python para manipular números. Todos los lenguajes de programación ejecutan un programa de forma diferente, y esta es la razón para aprender diferentes formas de organizar palabras e instrucciones separadas de acuerdo con el programa para evitar experimentar algunos errores en el código. En este capítulo se analizará cómo Python ejecuta comandos y cómo funciona todo el programa. Trabajar con Python es como tratar con lenguaje de programación interpretado debido al intérprete de texto, que le permite leer el contenido más rápido. El intérprete de texto también le ayuda a entender rápidamente cómo codificar correctamente para que el programa se ejecute de forma eficaz.

Además de interpretar palabras, Python es un lenguaje de scripting que permite a los programadores escribir los scripts y utilizar la extensión .py para guardarlos, o incluso escribirlos y ejecutar todas las instrucciones en diferentes shell de Python. De hecho, Python compilará el programa en un código de bytes al igual que el código de bytes Java. Un excelente ejemplo de lo que Python puede compilar es el código fuente, por lo que es fácil para Python ejecutar el código en poco tiempo.

Además, puede guardar archivos de código de bytes en __pycache__, un subdirectorio que se encuentra en el directorio que mantiene los orígenes de archivos. Si escribe john.py, por ejemplo, cambiará su nombre a john.pyc una vez que se convierta en los códigos de bytes. Un programador puede compilar manualmente el código si experimenta algún problema en la ejecución del programa. Dado que Python llevará a cabo este proceso por sí mismo, no es un problema para los principiantes. Normalmente, Python confirma si hay una versión compilada del sufijo .pyc o no al cargar en el código de bytes. Asegúrese de que el archivo es más reciente para permitir que el programa se ejecute de forma eficaz. Además, Python creará su código de bytes si no existe para ejecutar el programa.

Implementación de Python

Aunque esto podría verse como una nueva cosa, la implementación de Python se refiere al entorno y el programa que facilita la ejecución del programa dentro del lenguaje Python, y se representa con CPython. Dependiendo del tipo de CPython que esté utilizando, dicho entorno le permite ejecutar diferentes tipos de códigos y sentencias que está manejando dentro del programa.

En la programación, la implementación incluye todo lo que le permite trabajar en su programa y completarlo con éxito a tiempo. A diferencia de otros lenguajes de programación, la implementación ayuda a los programadores a hacer más cosas en Python. Python le permite trabajar en su programa con muchos lenguajes de programación diferentes como Java y C ++, y esto lo hace atractivo y sencillo.

Además de CPython, puede utilizar implementaciones como Brython, CLPython, HotPy, IronPython, Jython, PyMite y PyPy en Python para llevar a cabo lo específico con el lenguaje Python. Para los principiantes, Python es el más adecuado para ellos porque no es confuso como los otros lenguajes de programación.

Datos estándar

El lenguaje de programación Python es adecuado para aquellos que buscan el lenguaje de programación que les permitirá trabajar en su proyecto utilizando muchos datos diferentes con éxito. Estos datos se utilizan para definir varias operaciones que los programadores pueden utilizar para hacer varias cosas al codificar. Hay cinco tipos de datos en Python, que incluyen Numbers, Dictionary, Tuple, List y String. Estos tipos de datos son esenciales en la programación. Puede utilizar cualquiera de ellos para aumentar la función y la velocidad de Python.

Además, los tipos de datos numéricos almacenan los valores numéricos y se crean como objetos después de asignarles un valor. Los valores numéricos existen en cuatro tipos, a saber; enteros asignados, números complejos, punto flotante y enteros largos que se muestran como octales o hexadecimales. Como programador, debe utilizar estos tipos de valores numéricos correctamente para asegurarse de que no hay ningún error al ejecutar el programa. Aunque Python permite a un programador utilizar las minúsculas principalmente cuando se trata del tipo largo de número, es bueno utilizar mayúsculas al trabajar con la letra, ya que elimina cualquier confusión que el programador pueda experimentar al leer el programa.

Debido a que Python es una herramienta de programación que ayuda a las personas a usarla y leerla con facilidad, es el mejor método con el que uno debe comenzar cuando entra en el profesional de programación. Es fácil de usar y leer ya que tiene sintaxis, que permite a los programadores expresar sus conceptos sin crear necesariamente una página de programación. En general, Python es el mejor lenguaje para usted debido a su usabilidad y legibilidad. Estamos seguros de que después de leer este libro, ahora puede crear un programa con lenguaje de programación Python.

Capítulo 5

Números

Todos hemos oído hablar de los números. Cada número desempeña un papel fundamental en la programación. En este Capítulo, nos centraremos en enteros y números decimales, diferentes tipos de números utilizados en Python, orden de operación, números aleatorios, números primos, función matemática, conversión de un tipo de datos a otro, operación matemática simple en Python, y usando el shell como una calculadora en la programación de Python.

Enteros y números decimales

Debido al diseño único de los chips de computadora, representamos tanto los números decimales como los enteros de manera diferente en nuestros ordenadores. Representamos números decimales en el equipo usando números de punto flotante. Sin embargo, usted debe utilizar u conseguir los dígitos o la precisión para llegar a los resultados exactos al final. De hecho, el cálculo en el equipo se ejecutará más rápidamente cuando usted (programador) corte el número en algún momento a pesar de que no hay límite a la precisión. A diferencia de los números decimales, no hay ninguna restricción cuando se utilizan enteros en su computadora como veremos en este capítulo.

Números decimales

A veces el último dígito, para los números decimales, está ligeramente apagado en el equipo porque a diferencia del sistema de números humanos que tiene una base de diez (10), todos los ordenadores funcionan en binario, que está en la base de dos (base 2). Por ejemplo, todos sabemos que 7/3 se puede expresar como 2.3333 en decimal, donde tres son recurrentes para siempre. Sin embargo, obtendremos 2.3333333333333335 cuando escribamos 7/3 en el shell de Python. Dicho número se denomina error *de redondeo* en la programación. Aunque esto no es un problema serio prácticamente en la programación, puede conducir a problemas al manejar algunos cálculos científicos y matemáticos para su proyecto.

Debe colocar el prefijo antes del número al representar estos números en Python como se muestra a continuación.

Reparación del sistema   numérico P

1. Binario   0b' o '0B'

2. Hexadecimal   '0x' o '0X'

Usos del número decimal

Generalmente, usamos un número decimal cuando:

- Realización de aplicaciones financieras precisas

- Controlar el nivel de precisión en el cálculo

- Implementación de las posiciones decimales significativas

Operadores matemáticos

Hay más de cinco operadores matemáticos en Python y los siguientes son los más comunes:

Operadores	Descripción
+	Adición
-	Resta
*	Multiplicación
/	División
**	Exponenciación
//	División de enteros
%	Modulo (resto)

- Entero Division (//)

Aunque puede verse como un simple signo en matemáticas, primero debe saber cómo utilizar este operador matemático en Python antes de empezar a trabajar en el proyecto mediante el lenguaje de programación Python. Para los números positivos, la división de enteros (//) se comporta igual que la división normal. La diferencia es que no debe incluir la parte decimal en el resultado. Por ejemplo, 8/5 se escribe como 1 (uno) en lugar de 1.6 como la mayoría de nosotros sabemos. Más adelante obtendrá más información sobre este operador, especialmente cuando trabaje en su proyecto.

- Operador de modulo (%)

Para los principiantes, modulo (%) puede sonar extraño para ellos. Sin embargo, se trata de división y multiplicación. Por ejemplo, cuatro (4) es módulo de 18%7, porque dividir 18 por 8 da 4 como un resto. Es otra operación esencial en Python. Por ejemplo, tendrá que dividir el número precisamente por n cuando tiene cero (0) como un resto. Puede comprobar si el número (n) es incluso cuando resulta en cero (0) después de dividirlo por dos (2).

Utiliza

- Puede utilizar el operador modulo para programar algo en un bucle que tenga lugar en un tiempo específico a través del bucle.

- También puede usarlo para ver si la variable de bucle modulo dos (2) es igual a cero (0) haciendo algo al respecto.

Nota

Dado que el operador de módulo puede aparecer sorprendentemente en fórmulas, puede envolver y volver al principio. Piense en un reloj, por ejemplo, que va seis horas después del resultado de las ocho a las dos. Esto se puede escribir matemáticamente ya que (8+6) %12 es igual a 2.

También puede utilizar el operador del módulo para cuidar del jugador variable que sigue rastreando a otros jugadores. Esto se puede lograr mediante la siguiente fórmula:

Jugador%5 +1. Esta fórmula muestra que cuando el jugador es cinco (5), Cero (0) representará el jugador %5, estableciendo el jugador en uno (1).

Orden de operación

Uno tiene que seguir un orden específico de operación al hacer cálculos en Python para evitar obtener un error. A veces, esto puede hacer que el programa no se ejecute. Para llevar a cabo eficazmente el cálculo, debe comenzar con la exponenciación, luego la multiplicación y la división incluyendo // y %, antes de agregar y restar. La resta debe ser la última en su operación.

Podemos calcular el promedio de la variable x,y, y z usando la siguiente expresión no funcionaría:

Promedio: x+y+z/3.

No debe utilizar esta expresión al calcular un promedio en el equipo porque la división debe venir antes de la adición, no después de como se indica en la expresión anterior.

La expresión correcta es:

Promedio (x+y+z)/3.

Por lo general, agregar paréntesis ayuda mucho si no está seguro de algo, ya que no daña ni afecta a su operación.

Números aleatorios

Los números aleatorios son esenciales para que usted pueda hacer un juego de ordenador interesante. Como programador, es importante hacer que su programa sea más atractivo y atractivo para la audiencia. Random es un módulo que viene con Python y permite a los programadores utilizar números aleatorios en sus programas. Para entender cómo usar números aleatorios de manera efectiva, primero discutiremos un módulo.

Módulo

Un módulo es la parte principal del lenguaje Python que comprende muchas cosas, incluyendo operadores matemáticos, algunas funciones como impresión y entrada, y bucles. De hecho, todo en la programación informática está contenido en los módulos. Por lo tanto, para que utilice algo de los módulos, primero debe importarlo indicando, diciéndole a Python que desea usarlo en su programa.

Por ahora, sólo usaremos una función llamada randint desde el módulo aleatorio. Debe cargar la función randint importando randint desde el azar utilizando la siguiente instrucción:

de randint importación al azar

Uso de Randint

Es fácil y fácil de usar el **randint (a,b)** ya que convierte un entero aleatorio existente entre *a* y *b* e incluyendo tanto *a* como *b*. Un buen ejemplo es el siguiente:

de randint importación al azar

x - randint(1,5)

Imprimir ('Un número aleatorio entre 1 y 5:', x)

Por lo general, al azar varían de vez en cuando a medida que ejecuta el programa.

Función matemática

Hay un módulo llamado matemáticas en Python. Este módulo contiene algunas funciones matemáticas comunes como cos, exp, log10, floor, ceil, log, sin, tan, square y factorial. Además, tiene las funciones de trigonometria del universo, constantes pi y e, y funciones hiperbólicas.

Ejemplo

de matemáticas **importar** *, pi*

impresión('Pi es más o menos,, pi)

print('sin(0) =', sin(0))

pi será igual a 3.14159265359 sin(0), que es 0.0

Tipos de función in-build-math

Hay dos tipos, a saber;

- Valor absoluto (abs)

- Matemáticas redondas función

Estas funciones están disponibles en Python, por lo que no es necesario importarlas y trabajar de manera eficiente que la importada.

Tipos de conversión

Puede convertir cualquier tipo de números en otro usando Python, y el proceso es conocido popularmente como coerción por los programadores. Usamos funciones integradas como complex, int y float para convertir desde las cadenas o entre tipos explícitamente.

Ejemplos

Int (2,5) á 2

Int (-2,9) -2

Complejo ('2+6j') á (2+6j)

Es importante saber que la conversión de float a entero trunca el número. El entero resultante estará más cerca de cero.

Fracciones de Python

Otra operación proporcionada por Python son números fraccionarios. Los números fraccionarios se proporcionan a través del módulo de fracciones de Python que tiene el soporte para la aritmética de números racionales. Estos números tienen un numerador y un denominador. Tanto el numerador como el denominador son enteros.

A veces puede obtener resultados incorrectos/inusuales al crear fracciones desde el float debido a la representación del punto flotante binario imperfecto como verá más adelante en este libro. Sin embargo, la fracción permite al programador crear instancias con las cadenas.

Capítulo 6

Temas Varios

Después de aprender sobre diferentes tipos de números como enteros y números decimales, orden de operación, números aleatorios, números primos, función matemática y operación matemática simple en Python, así como cómo usar el shell como una calculadora en Python programación, este Capítulo ahora discutirá sobre contabilidad, intercambio, suma, variable de bandera, maxis y mins, y depuración simple entre otros.

1. Sumar

Muchos principiantes se confunden con diferenciar entre sumar y contar cuando se usa Python. Esto se debe a que los dos están estrechamente relacionados entre sí. Sin embargo, la suma se utiliza principalmente en la suma de un montón de números. De hecho, el programa Python suma el número a cien de uno (1 a 100). Le permite agregar un número muy nuevo encontrado a la herramienta en ejecución, utilizando la siguiente fórmula:

s a 0 para i en el rango (1.101):

S + i

A continuación, imprima ('La suma es', s)

Además, se le pedirá a los diez usuarios antes de calcular su promedio al usar Python para crear su programa.

s a 0 para i en el rango (10): número

• eval (entrada ('Introduzca un número: '))

s s + impresión num ('El promedio es', s/10)

Por último, la suma se utiliza en Python para mantener la puntuación en un juego. Por ejemplo, al principio del juego, debe establecer la variable de puntuación en cero y, a continuación, agregar a la puntuación algo utilizando la siguiente fórmula: Puntuación - puntuación +10.

2. Contando

El conteo es esencial para cualquier programador. Usted necesitará saber cuántos visitantes han visitado o utilizado su programa dentro de un período específico o a veces el número de veces que algo sucede en su programa. Un buen ejemplo es un videojuego. Después de programar un videojuego como el fútbol, es importante realizar un seguimiento del número de turnos que un jugador hace en un período específico. Sin embargo, debe utilizar una variable para mantener el recuento, ya que esto le ayudará a obtener resultados precisos (contando).

Si tenemos un programa que obtiene diez (10) números de los usuarios y cuenta, por ejemplo, ¿cuántos de esos números serán mayores que diez (10)?

Solución

Recuento: cero (0)

Para i en el rango (10): eval*(entrada ('Introduzca un número: '))*

Si num > 10

El recuento se calculará como:

Recuento : recuento + 1

Imprimir (*'Hay', recuento, 'números mayores que 10. '*)

Explicación

El ejemplo anterior requiere que mantenga un recuento de la hoja de papel cada vez que obtenga un número mayor que diez agregando uno a su cuenta. Sin embargo, esto se logra en Python por la línea:

Recuento: recuento +1

Tenga en cuenta que la primera línea, count-0, del programa desempeña un papel esencial en la programación porque ayuda al intérprete de Python a escupir un error. El programa primero tratará de hacer de acuerdo con lo que la línea de recuento de líneas -1 línea dice antes de dar el resultado. Toma el valor anterior y, a continuación, agrega uno, antes de almacenar el resultado en el recuento. El intérprete de Python no podrá entender qué hacer si no encuentra ningún valor antiguo del recuento que se va a usar. Por lo tanto, es importante definir el recuento estableciéndolo en cero para mostrar que no hay ningún número superior a diez al principio del programa. Además, a partir de este ejemplo, podemos determinar el número de usuarios que entran o utilizan el programa y son mayores que diez o iguales a cero.

3. Intercambio

Todos nosotros tenemos el comportamiento de intercambiar valores de dos variables para obtener sus valores deseados. A veces nos resulta difícil llevar a cabo este proceso porque algunos valores son demasiado complicados y requieren mucho razonamiento. Ejemplo de estos valores complejos es el intercambio de x e y como:

$X = y$ $\qquad\qquad$ $y = x$

Aunque muchas personas pueden pensar que es fácil intercambiar la x y la y como se muestra arriba, esto no puede funcionar si el valor de cada valor no es el mismo. Por ejemplo, si x-3 e y-4, es un error decir que x-y, o y-x porque tres no es igual a cinco.

La mejor manera de intercambiar variables en muchos lenguajes de programación, incluyendo Python y Java, es utilizar la siguiente fórmula: x,y á y,x. Más adelante, explicaremos cómo funciona este trabajo en el lenguaje de programación Python.

4. Marcar variables

Es una de las variables esenciales para cualquier programador. Se utiliza para notificar al programa acerca de lo que está teniendo lugar en otra parte del programa, incluyendo los usuarios que entran o utilizan el programa. Puede determinar si el número es *primo* llevando a cabo un proceso específico como verá más adelante en este libro.

Usando el conocimiento de la escuela secundaria, usted debe saber que un número es primo si es un múltiplo de uno y sí mismo, lo que significa que no tiene otros divisores que uno y sí mismo. Con Python, una bandera en su programa comenzará a funcionar en cero. En este caso, debe bucle de dos a número 1, y si alguno de los valores resultando ser un divisor hace que la bandera se establezca en uno. Confirme si el indicador está establecido o no una vez que el bucle ha terminado. Tenga en cuenta que el número no será un primo si el bucle ha terminado.

5. Comentarios

En la programación, los comentarios se refieren a los mensajes enviados a las personas que leen el programa y se utilizan para describir cómo funciona cierto código. No tienen ningún impacto en el programa.

Hay dos tipos de comentarios

- Comentario de una sola línea

- Comentario multilínea

6. Mins y Maxes

Por lo general, muchas tareas de programación implican determinar el valor más pequeño o más grande a partir de la gravedad del valor. Sin embargo, esto no es tan fácil como la mayoría de nosotros puede pensar. Es necesario tener un conocimiento adecuado sobre la mejor manera de encontrar estos valores con precisión y precisión también.

Ejemplo

El usuario fue pedido por nosotros para introducir 10 números positivos en el programa. Entonces decidimos encontrar el número más grande e imprimirlo. Para determinar el número más grande, tuvimos que establecerlo igual al primer número introducido por el usuario. A continuación, comprobamos constantemente el sistema cada vez que el usuario ingresó el número para ver si es mayor que el valor actual. Seguimos haciéndolo hasta que el usuario había introducido diez números, luego imprimimos el número más grande.

7. Depuración simple

Hay dos técnicas simples para determinar si el programa está funcionando y la razón o no funciona bien. Los dos métodos son:
- *Uso del shell de Python*
- *Adición de una declaración de impresión al programa*

Uso del shell de Python

Después de ejecutar el programa, podemos escribir en nuestro programa los nombres de las variables para determinar sus valores y también ver el que tiene nuestros valores deseados o esperados. Además, podemos usar el shell para ver si estos valores están funcionando escribiéndolos en las pequeñas secciones de nuestro programa como vamos a ver en este libro más adelante.

Adición de una declaración de impresión al programa

Agregar una instrucción print ayuda a los programadores no solo a determinar si se alcanza un punto del código, sino que también les ayuda a determinar los valores de su variable.

8. La sangría importa

La sangría incorrecta es el problema más común en la programación. Por ejemplo, puede encontrar su programa funcionando no de acuerdo a sus expectativas. Esto muestra que hay un error o que ha realizado la sangría incorrecta.

Capítulo 7

Ejecución de un programa

Puesto que ha aprendido acerca de la contabilidad, intercambio, suma, variable de marca, maxis y mins, y depuración simple utilizada en Python, ahora es el momento de empezar a ejecutar algunos códigos. Creo que ya ha instalado Python en su ordenador en este momento. Si no lo tiene, por favor siga los procedimientos anteriores e instálelo en su computadora ahora.

Hay muchas maneras en que un programador puede usar para decirle a Python que ejecute el código que ha escrito. En este Capítulo, discutiremos todas las técnicas utilizadas para lanzar un programa hoy. Además de aprender a escribir código de forma interactiva, usted será capaz de conocer diferentes maneras de guardar el código en el archivo para ejecutar en su camino deseado con la ayuda de líneas de comandos del sistema, llamadas de ejecutivo, clics de icono, y las importaciones de módulos entre otros como se verá en este capitulo.

Sin embargo, si tiene experiencia en otros lenguajes de programación y desea empezar a profundizar en Python, es importante repasar este capítulo a fondo. Es una visión general de las técnicas de depuración y le ayudará a entender diferentes formas de importar y guardar códigos en el archivo. Estos son temas esenciales para que usted entienda la arquitectura del programa de Python aunque la volveremos a visitar más adelante. Además, es importante repasar las secciones que tratan con IDLE y otros IDI para ayudarle a conocer las herramientas disponibles, especialmente para desarrollar un programa Python complejo.

Mensaje interactivo

En esta sección, aprenderá algunos conceptos básicos de programación interactivos y, a continuación, examinará la ejecución del código antes de cubrir algunos preliminares, como la configuración de la ruta del sistema y el directorio. Aplicará lo que había aprendido anteriormente sobre el directorio y la ruta del sistema aquí.

Inicio de una sesión interactiva

La forma más sencilla de empezar a ejecutar un programa Python es escribiéndolo en el símbolo del sistema interactivo, comúnmente conocido por muchos programadores como la línea de comandos interactive de Python. De hecho, hay muchas maneras de iniciar esta línea de comandos y estas incluyen una consola del sistema entre otras. si ha instalado el intérprete como un programa ejecutable en el sistema, puede empezar escribiéndolo en Python en el símbolo del sistema operativo, ya que esta es la forma más eficaz de iniciar una sesión de intérprete interactiva. Cuando escribamos la palabra "python" en nuestro shell del sistema, por ejemplo, iniciaremos el sistema para iniciar una sesión interactiva de Python. Tenga en cuenta que el carácter "%" al principio de esta lista representa una solicitud genérica del sistema; no es una entrada que un programador puede escribir por sí mismo. Un Ctrl-Z saldrá de esta sesión si está utilizando Windows: por lo tanto, intente utilizar Ctrl-D en el Unix en su lugar.

Aunque un shell de sistema tiene una noción genérica, su accesibilidad varía de una plataforma a otra como se ve a continuación:

1. En Windows

Si utiliza Windows, inicie el símbolo del sistema (cmd.exe) y escriba la palabra "python" en la ventana de la consola. Discutiremos cómo iniciar este programa en detalle más adelante en este libro.

2. En macOS

El intérprete interactivo de Python se puede iniciar iniciando Terminal desde Spotlight o haciendo doble clic en el icono

Terminal que se encuentra en la carpeta Aplicaciones > Utilidades. En la ventana Terminal, escriba la palabra "python".

3. *En Linux y otros sistemas operativos* Unix

Como programador, puede escribir este comando en una ventana de terminal o incluso en el shell para ejecutar el programa.

Alternativamente

Algunas plataformas le permiten iniciar el mensaje interactivo de maneras diferentes o adicionales que no requerirán que escriba un comando. Ejemplos de estas plataformas incluyen Windows 7 y Windows 8.

- *Ventanas 7*

  Además de escribir python en una ventana de shell, un programador puede iniciar la misma sesión interactiva seleccionando la opción de menú python. Esto se encuentra en el menú del botón Inicio para Python.

- *Ventanas 8*

  Cuando se usa Windows 8, no es necesario tener un botón Inicio, ya que hay muchas maneras de usar para llegar a las herramientas, como la búsqueda, y el explorador de archivos.

- *Otras plataformas*

  Si está utilizando otras plataformas que no sean Windows 7 y Windows 8, no se preocupe. Utilice las mismas maneras que se han explicado anteriormente para iniciar la sesión interactiva de Python. No hay necesidad de escribir comandos porque estas plataformas son demasiado específicas, por lo que es fácil o que para llegar allí. La apariencia del mensaje en el equipo muestra que ya está en la sesión de intérprete de Python interactiva y, por lo tanto, puede escribir cualquier expresión o declaración de Python allí y ejecutarla inmediatamente.

Dónde encontrar el símbolo del sistema en Windows

Declarar la interfaz de línea de comandos no es fácil para la mayoría de nosotros, especialmente si usted es un principiante. Aunque algunos lectores de Windows lo saben, los desarrolladores y principiantes de Unix no lo entienden porque no es prominente como ventanas de consola o terminal. Los siguientes procedimientos le ayudarán a encontrar su símbolo del sistema fácilmente. Si está utilizando Windows 7, puede encontrarlo en la sección Accesorios en el menú Inicio y luego todos los programas. Alternativamente, puede escribir *cmd* en el cuadro *Inicio/Ejecutar* y permitir que se ejecute el programa. Si utiliza Windows 10, puede iniciar el símbolo del sistema escribiendo directamente *cmd* en la barra de búsqueda de Windows que se encuentra en la barra de tareas.

La ruta del sistema

Por lo general, el sistema localizará su programa Python en la ruta de su sistema después de escribir python en la última sección como ha visto anteriormente. Dependiendo de la versión de Python y las plataformas que esté utilizando, es importante reemplazar la palabra 'python' por la completa deseada si no ha establecido la variable de entorno PATH del sistema para incluir el directorio instalado. Debe asegurarse de que el entorno PATH es fácil de permitir que el programa se ejecute correctamente.

Ejecución de directorios de código

Puesto que hemos comenzado a discutir cómo ejecutar el código en su equipo, es esencial saber dónde ejecutar el código para garantizar que el programa se ejecuta sin cometer algunos errores. Estará ejecutando código desde un directorio llamado carpeta, creado en su Windows llamado C:/código que se encuentra en la parte superior de la unidad principal. La mayoría de sus sesiones interactivas comenzarán a partir de ahí. Además, asegúrese de guardar y ejecutar todos los archivos de script desde allí. Sin embargo, si ha estado utilizando otros lenguajes de programación como Java y C++ y desea utilizar Python haciendo su programa, siga las siguientes instrucciones. Ellos le ayudarán a entender cómo comenzar con un directorio de trabajo usando la programación de Python en su computadora.

- ### *Sistemas basados en Unix*

  Estos incluyen Linux y MacOS. Para estos sistemas, se puede encontrar un directorio de trabajo en /usr/home o a veces creado por un comando mkdir. Con un directorio de trabajo, podrá determinar o ver cómo se ejecuta el código.

- ### *Ventanas*

  Los sistemas Windows permiten a los programadores crear su directorio de código de trabajo en la ventana del símbolo del sistema o explorar archivos fácilmente. Busque la nueva carpeta en el Explorador de archivos, verá el menú Archivo. Como alternativa, escriba el comando amdir en el símbolo del sistema y ejecútelo. puede localizar y recuperar su directorio de trabajo en cualquier momento. Además, quedarse sin un directorio ayuda a un programador a realizar un seguimiento de su trabajo fácilmente.

Cómo ejecutar código de forma interactiva

Debido a que ha aprendido todos estos preliminares, ahora es el momento de empezar a escribir algún código real y ejecutarlos interactivamente en su programa Python. Tenga en cuenta que ya había comenzado a escribir en la sesión interactiva de Python escribiendo dos líneas de texto de información que no sólo dio el número de versión de Python, sino también algunas sugerencias como se ilustra en nuestra discusión temprana. Por lo general, el resultado de nuestro código se mostrará debajo de las líneas de entrada cuando trabajemos interactivamente y esto es después de pulsar la **tecla Enter**. Al escribir la instrucción print en el símbolo del sistema, por ejemplo, una cadena de Python también denominada output se hará eco de inmediato. Por lo tanto, no hay necesidad de crear un archivo de código fuente o ejecutar el código de un compilador si no está utilizando el lenguaje Python. Más adelante, aprenderá a ejecutar instrucciones de varias líneas y dichas instrucciones se ejecutan tan pronto como se introducen en sus líneas y pulsa el botón Intro dos veces.

Razones del mensaje interactivo

Aunque el mensaje interactivo hará eco de los resultados cuando lo ejecute, no guardará el código en el archivo. Esto muestra que no puede controlar la mayor parte de la programación en las sesiones interactivas, como puede pensar. El mensaje interactivo ha resultado ser un buen lugar para probar archivos de programa o experimentar el lenguaje sobre la marcha.

1. Experimentando

Debido a su capacidad para ejecutar el código inmediatamente, el mensaje interactivo se ha convertido en el mejor lugar para experimentar con el lenguaje. Se utilizará para ilustrar algunos experimentos más pequeños en este libro más adelante. Si no está seguro sobre el funcionamiento del código Python, puede ver lo que ocurre cuando se levanta la línea de comandos interactiva. Si está leyendo código en el programa Python, por ejemplo, puede ver una expresión que no entiende su significado. Ejemplo de tales expresiones podría ser 'Spam!' *8. Pasarás mucho tiempo leyendo los manuales, o libros, o incluso buscar por Internet para ver su significado.

Con la respuesta inmediata que recibirá en el símbolo del sistema interactivo, puede usarlo para determinar rápidamente el funcionamiento del código. Desde aquí, por ejemplo, está claro que el código hace la repetición de cadenas. El signo '*' se utiliza en Python para significar la multiplicación de números, así como la repetición de las cadenas. Es como concatenar las cadenas a sí mismas repetidamente. No romperás nada con este experimento. Generalmente, el código Python es el más adecuado para ejecutar, ya que no resulta en la eliminación de los archivos.

Además, es un error utilizar una variable a la que no se le ha asignado valor en la programación de Python. Algunos errores pueden pasar desapercibidos si rellena los nombres con los valores predeterminados. Por lo tanto, para eliminar estos errores, es importante iniciar los contadores iniciales desde cero antes de agregarles algo y también asegurarse de que tiene listas iniciales para ayudarle a extenderlos correctamente. Con las listas iniciales y contando desde cero, usted será capaz de ejecutar su programa sin producir ningún error

2. Pruebas

Además de servir como una herramienta o experimentar, el intérprete interactivo se utiliza para probar el código que va a escribir en los archivos mientras aprende el lenguaje Python. De hecho, le mostraremos cómo importar los archivos del módulo de forma interactiva. Además, le mostraremos cómo ejecutar las pruebas en las herramientas definidas escribiendo llamadas en el símbolo del sistema interactivo.

Además, muchos programadores prueban los componentes de programación en el indicador interactivo. Como programador, puede importar, probar y ejecutar funciones y clases en los archivos de Python independientemente de sus orígenes. Esto se logra escribiendo llamadas a funciones vinculadas en C, así como ejerciendo clases Java en Python. Por último, con la naturaleza interactiva de Python, es capaz de soportar un estilo de programación experimental por lo que es conveniente para que usted pueda empezar. Esto está haciendo que la programación de Python sea simple, fácil y mejor para los principiantes para usar para ejecutar el código en sus programas.

Directrices para el uso del símbolo del sistema interactivo Efectivamente

A pesar de que es fácil de usar el mensaje interactivo, como un principiante, hay muchas cosas que debe tener en cuenta al usarlo para asegurarse de que el código se ejecuta sin producir errores. Las siguientes pautas le ayudarán a evitar cometer errores comunes vistos por otros principiantes. Tómese su tiempo para leerlos:

- *Asegúrese de escribir solo el comando Python.*

  En muchos casos, los principiantes cometen un gran error al escribir comandos del sistema en el símbolo del sistema interactivo. Esto hace que su equipo muestre errores cuando intentan ejecutar sus programas. Aunque hay muchas maneras diferentes de ejecutar comandos del sistema desde el código python, estos métodos no implican escribir los comandos en sí como se verá en este libro.

- *Utilice únicamente instrucciones de impresión en los archivos*

  Después de ver que el intérprete interactivo imprime los resultados de una expresión automáticamente, no es necesario completar la escritura de instrucciones de impresión en la python interactiva. Aunque el intérprete interactivo es una buena característica, a veces confunde a muchos programadores, especialmente a los principiantes al escribir código en los archivos, ya que deben usar instrucciones de impresión para asegurarse de que sus resultados no se hacen eco automáticamente.

- *Evite la sangría en el mensaje interactivo*

Ya sea que esté escribiendo en un archivo de texto o de forma interactiva, es importante asegurarse de que todas las instrucciones no probadas comienzan todo el camino a la izquierda en la columna 1. En caso de que no siga las instrucciones anteriores, Python imprimirá el error de sintaxis, ya que el espacio negro del código se tomará como sangría para agrupar instrucciones anidadas. Recuerde que un espacio inicial siempre generará un mensaje de error si comienza con tabulación o espacio en el símbolo del sistema interactivo.

- *Asegúrese de anotar todos los cambios rápidos*

Estos cambios son esenciales para las instrucciones compuestas. Aunque no vamos a trabajar con instrucciones compuestas / multilínea en este momento, es importante saber que escribir la línea 2 de una instrucción compuesta interactivamente puede hacer que el mensaje cambie automáticamente.

- *Asegúrese de que las instrucciones compuestas se terminan en la solicitud interactiva que tiene una línea en blanco.*

Una línea en blanco juega un papel vital en la programación de Python, ya que indica a Python interactivo que un programador ha completado escribiendo la instrucción multilínea y solo tiene que pulsar el botón Intro dos veces. Sin embargo, no es imprescindible usarlo en un archivo. Puede ignorarlos si están presentes.

Introducción de declaraciones multilínea

La mayoría de los principiantes no saben cómo introducir instrucciones multilínea en el programa Python. Por ejemplo, la semana pasada, recibimos muchos correos electrónicos y mensajes de los estudiantes de todo el mundo buscando o aclaraciones sobre cómo ingresar declaraciones compuestas. Aunque suena como algo difícil, son las cosas más fáciles de manejar con los lenguajes de programación Python. Para ayudarle a entender esto, presentaremos instrucciones compuestas y discutiremos su sintaxis en detalles.

Puesto que tienen un comportamiento diferente o su comportamiento difiere en la solicitud interactiva y en el archivo, los pasos siguientes son esenciales para cualquiera que escriba instrucciones de varias líneas. Termine todas las instrucciones compuestas, incluidas las de los bucles, y pruebe si hay líneas en blanco en la solicitud interactiva. Del mismo modo, puede terminar todas las instrucciones compuestas antes de ejecutarlo pulsando el botón Intro dos veces.

Líneas de comando del sistema

A pesar de que puede utilizar un mensaje interactivo para llevar a cabo pruebas y experimentos de su código Python, uno de los problemas asociados con él es que sus programas desaparecen inmediatamente son ejecutados por el intérprete de Python. No podemos ejecutar el código que ya hemos escrito sin volver a escribirlo, ya que no se almacena en un archivo. Sólo tenemos que volver a escribirlo desde cero o podemos cortarlo y pegarlo. Sin embargo, para llevar a cabo este proceso de manera efectiva, tendremos que editar el mensaje de Python y las salidas del programa.

Además, podemos guardar nuestros programas permanentemente escribiendo nuestros códigos en los archivos, popularmente llamados módulos. Los módulos hacen referencia a archivos de texto simples que contienen instrucciones python. Después de la programación, podremos pedir al intérprete de Python que ejecute la instrucción de varias maneras, como líneas de comandos del sistema, clics en el icono de archivo e interfaz de usuario IDLE. Ejecutará nuestro código desde abajo en un archivo de módulo cada vez que ejecutemos los archivos. Hay muchas terminologías utilizadas en este dominio. En Python, por ejemplo, los archivos de módulo se denominan programas. En otras palabras, un programa se ve como una serie de instrucciones precodificadas en un archivo ejecutado repetidamente. A veces, los archivos de módulo se ejecutan directamente se denominan scripts, un término que se utiliza anteriormente para significar un archivo de programa de nivel superior en Python. Además, algunos programadores utilizan el término módulo para significar un archivo importado desde otro archivo. Veremos cómo se utilizan estos términos más adelante en este libro.

No importa cómo los llame, en las siguientes secciones, exploraremos diferentes formas de ejecutar código que se escriben en los archivos de módulo. Nos concentraremos en las formas básicas de ejecutar los archivos. Esto implicará enumerar los nombres en una línea de comandos de Python introducida en el símbolo del sistema o nuestro equipo. Aunque esto se puede evitar utilizando un GU como IDLE como veremos más adelante, un shell del sistema y una ventana del editor de texto constituyen un entorno de desarrollo más integrado, proporcionando así a los programadores un control directo sobre sus programas.

a. Primer guión

Asegúrese de que tiene un ambiente propicio, es decir, no hay disturbios antes de empezar a trabajar en nuestro primer proyecto ahora. Para empezar, vamos a abrir nuestro editor de texto favorito, ya sea el editor IDLE o el Bloc de notas y escriba las siguientes palabras en el nuevo archivo de texto llamado scrpt1.spy, y luego guardarlos en nuestro directorio de código de trabajo que habíamos establecido anteriormente.

• *Una primera secuencia de comandos de Python*

Importar sys: cargue un módulo de biblioteca

Imprimir (sys.platform)

Imprimir (2 ** 100) - Elevar 2 a una potencia x - 'Spam!'

Print(x * 8) - Repetición de cuerdas

Explicación

Dado que esta es nuestra primera secuencia de comandos formal de Python, no hay necesidad de preocuparse. Podrá comprender cómo funciona el código de este archivo al final de esta sección. Brevemente, importamos un módulo de Python para obtener el nombre de la plataforma antes de ejecutar tres llamadas a funciones de impresión y, como tal, mostrar los resultados del script al final del proyecto. Además, asegúrese de utilizar una variable denominada x que se creó y se asignó para mantener en el objeto de cadena para que el proyecto se ejecute sin producir errores. El anterior sys.platorm se refiere a una cadena que se utiliza para identificar el tipo de equipo en el que estamos trabajando.

Nota

Hemos añadido algunos comentarios formales de Python, incluido el texto después del #characters. Esto es necesario en Python, ya que hace que las líneas sean formales por sí mismas. Además, debe saber que el texto después de la palabra " siempre se ve como un comentario legible por el usuario y, como tal, no se considera que forma parte de las instrucciones de sintaxis. Por lo tanto, no habrá ningún impacto para ignorar estos comentarios si está copiando el código porque son informativos.

Cómo ejecutar archivos con líneas de comandos

Después de guardar el archivo de texto, ahora es el momento de pedir a Python que ejecute el archivo. Esto se logra enumerando su nombre de archivo y lo haremos como el primer argumento para el comando Python tal como se hace en el símbolo del sistema. Recuerde que puede escribir un comando de shell del sistema en su sistema preferido como una ventana xterm o un símbolo del sistema de ventana para proporcionar la entrada de línea de comandos. Sin embargo, asegúrese de ejecutarlo en la solicitud del sistema. Además, asegúrese de reemplazar el término 'python' por una ruta de directorio completa como lo hicimos cuando no se configuró nuestra configuración PATH. Al reemplazarlo, el sistema ejecutará correctamente el programa.

Además, como principiante, no debe escribir ningún texto de procedimiento en el script 1.py archivo fuente creado en nuestra sección anterior. Los textos incluyen un comando del sistema, así como la salida del programa. La primera línea debe ser el comando shell para ejecutar el archivo de origen además de la línea.

Pasos para ejecutar líneas de comandos y archivos

La mayoría de la gente piensa que es difícil ejecutar un archivo de programa desde el comando del sistema. Sin embargo, esto se vuelve muy fácil una vez que se familiarice con la programación de Python. Es la forma más fácil y portátil de ejecutar los programas Python porque cada equipo tiene líneas de comandos y una estructura de directorios. Si es un principiante, los siguientes pasos le ayudarán a ejecutar líneas de comandos y archivos sin producir errores durante el proyecto.

- Utilice la instrucción print en el archivo
- Utilice las extensiones de archivo en la solicitud del sistema
- Tenga cuidado con la extensión automática en el IDLE y la ventana.

Unix env LookupTrick

Algunos sistemas Unix ofrecen a los usuarios la oportunidad de evitar codificar de forma rígida la ruta de acceso al intérprete de Python en sus archivos de script. Esto se puede lograr teniendo una escritura única del comentario de primera línea. Un buen ejemplo de este comentario es el python nv! !/usr/bin/e. Al codificar así, el programa env utilizará la configuración de la ruta de búsqueda del sistema para localizar el intérprete de Python. Sin embargo, en la mayoría de los shells de Unix, esto se hace mediante la búsqueda en todos los directorios resaltados en las variables de entorno PATH del usuario.

Además, el esquema es más portátil porque los usuarios no necesitan codificar de forma rígida una ruta de instalación de Python en la primera línea de sus scripts. Si sus Python se mueven a una nueva ubicación o sus scripts se mueven a una nueva máquina, siempre deben actualizar PATH para controlar el movimiento. Además, dado que los usuarios pueden acceder a env en cualquier lugar, sus scripts se pueden ejecutar sin importar la ubicación de Python en su sistema.

Python 3.3

Antes de profundizar en este tema, me gustaría recordarle que el método descrito en esta sección es un truco de Unix y podría no funcionar bien en su plataforma si está utilizando Windows. Sin embargo, esto no es un gran problema para nosotros; usaremos la técnica básica de línea de comandos discutida anteriormente para entender este contexto. El primer paso es enumerar el nombre del archivo en una línea de comandos explícita de Python de la siguiente manera:

C:-código> python brian

El lado brillante de la vida...

Por nuestra experiencia, no hay necesidad de utilizar el #comment especial en la parte superior en este caso. Python lo ignorará automáticamente incluso si decide usarlo. Además, es bueno saber que el archivo no debe tener ningún privilegio ejecutable. Por último, es fácil ejecutar el archivo entre la ventana de Microsoft y Unix cuando se utiliza este enfoque que los scripts de estilo Unix. Sin embargo, cuando se utiliza Python3.3, que su lanzador de Windows se instaló por separado, líneas de estilo Unix puede significar algo más porque además de proporcionar el ejecutable py, el iniciador de ventana sinten a determinar el tipo de versión de Python para iniciar analizando #lines antes de ejecutar el código de nuestro script. También nos permite dar el número de versión en formas parciales o completas ya que reconoce los patrones Unix más comunes. Debe tener cuidado al tratar con la línea de comandos para evitar cometer algunos errores que podrían afectar a la ejecución de su programa.

Haga clic en Iconos de archivo

Esta es la mejor alternativa para aquellas personas que no son buenas en el uso de líneas de comandos. Por lo general, puede evitar su uso iniciando scripts de Python con GUIs de desarrollo y clics en los iconos de archivo, así como otros esquemas que varían según el tipo de su plataforma. Algunas de estas alternativas se discuten a continuación.

a) Conceptos básicos de Icon-Clicks

Muchas plataformas admiten los clics de icono de forma diferente. A continuación se muestra cómo se pueden estructurar los clics de icono en nuestro equipo. Tómate tu tiempo para pasar por eso.

- *Clics en el icono de la ventana*

Normalmente, Python utilizará las asociaciones de nombre de archivo de Windows para registrarse automáticamente como un programa que abre archivos de programa python cuando se hace clic en él. Esto tiene lugar después de instalarlo en su ordenador.

Debido a esto, es fácil para nosotros iniciar los programas Python que escribimos haciendo clic en sus iconos de archivo. Sólo necesitamos usar un cursor del ratón para hacer clic en estos iconos de archivo. Lo que sucede después depende de la extensión del icono y del tipo de Python que estamos ejecutando. Tenga en cuenta que, los archivos .py en Python 3.2 se ejecutan mediante python.exe con una ventana de consola, mientras que los archivos pythonw.exe ejecutan archivos pyw.

Otras limitaciones de Icon-Click

Incluso con el engaño de entrada del segmento anterior, cayendo en su lugar que los iconos de archivo pueden venir con su peligro. Es posible que una persona no esté en posición de comprender los mensajes de error de Python. Si su script crea un error , el texto de información de error grabado puede aparecer repentinamente consolar las ventanas, que luego pueden barnizar instantáneamente. La adición de una llamada de entrada al archivo de icono de una persona puede no ayudar ya que puede que no sea capaz de determinar lo que se desvió.

Cuando las excepciones se mastican más adelante en este fantástico libro, una persona adquirirá conocimientos sobre la posibilidad de grabar códigos para detener, procesar y recuperarse de las falacias para evitar la terminación de los programas. También se aprenderá el medio alternativo de instrucción try para mantener la ventana de la consola de cerrar los errores. Otra lección aprendida más adelante en este libro incorporará cómo recabarla el mensaje impreso en el caso del documento para su evaluación posterior cuando nos enteremos del proceso de impresión.

Debido a los deméritos discutidos anteriormente, es mejor percibir los enlaces de iconos como un medio para instigar proyectos después de ser rectificado o instrumentado para anotar su regreso a un proceso de caso de documento para capturar cualquier error esencial. Al iniciar, se recomienda utilizar otros métodos como IDEL y líneas de pedido del sistema para permitir que una persona vea los textos de error creados y perciba su retorno sin recurrir a otra programación adicional.

Capítulo 8

Tipos numéricos

Este Capítulo comenzó en intensa peregrinación del lenguaje Python. En Python, la información toma la configuración de los objetos que se construyen en una entidad que Python o la información se encuentran en el cuerpo generado mediante el equipo Python y otros lenguajes como C. Los objetos son la premisa de cada programa Python que una persona escribirá, ya que son la noción más fundamental en la programación de Python.

En el capítulo anterior, se analizaron los tipos de objetos principales de Python y también se introdujeron los términos esenciales. Al comenzar este capítulo , se analizaría un segundo vistazo cuidadoso a los aspectos de la raza de datos para rellenar los detalles captados anteriormente. Este documento explore la primera categoría de datos.

Conceptos básicos del tipo numérico

Las entidades numéricas de Python son típicas y pueden parecer familiares si una persona las ha utilizado en otros lenguajes de programación antes. Las entidades de números de Python se pueden aplicar al realizar un seguimiento del saldo bancario de una persona y realizar un seguimiento del número de visitantes del sitio web de una persona.

En Python, los números no se clasifican como una sola categoría de entidad, sino que se clasifican como una categoría de entidad similar. Admite las razas numéricas habituales, expresiones para procesar números y como literales para crear números. Además, Python ofrece más ayudas de programación numérica modernizadas y nuevas entidades para un trabajo más modernizado.

Un registro de la caja de herramientas de dígitos de Python incorpora:

- Objetos enteros y de punto flotante

- Objetos de número complejos

- Decimal: objetos de precisión fija

- Fracción: objetos de número racional

- Sets: colecciones con operaciones digitales

- Booleanos: true y false

- Funciones y módulos incorporados: redondo, matemático, aleatorio, etc.

- Expresiones; precisión de enteros ilimitada; operaciones bit a bit; formatos hexadecimal, octal y binario

- Extensiones de terceros: vectores, bibliotecas, visualización, trazado, etc.

Comienzas con los fundamentos numéricos primarios, luego procede a explorar otras categorías en la lista anterior de un inventario completo de Python numérico, y servir a un rol especializado. En otro punto, el artículo también analizará conjuntos, que poseen cualidades digitales y colectivas de Python y comúnmente se consideran más actuales. Antes de pasar a los códigos, la siguiente sección comenzará el artículo con una breve descripción general de cómo escribe y realiza los números en los guiones.

Literales numéricos

Entre sus tipos básicos, Python ofrece enteros que son categorías como números enteros positivos y negativos. También licita nombres de punto flotante, que se refiere a números que contienen una parte fraccional, también llamadas flotadores para la economía verbal. Python sanciona la escritura de enteros utilizando literales octales, hexadecimales y binarios; ya que ofrece un tipo de número compuesto; y permite que los enteros posean una precisión ilimitada, que puede desarrollarse para obtener tantos dígitos como el espacio de memoria de una persona lo reconocería. En lo anterior, los literales de tipo numérico de Python son francos para escribir, pero normalmente requieren pocos conceptos de programación con su esquema de explicación a continuación.

- Literales enteros y de punto flotante

Los enteros se escriben habitualmente como hilos de dígitos decimales. Los números de punto flotante siempre contienen un punto decimal con un exponente firmado no obligatorio presentado por una e o E y seguido de un signo no obligatorio. Si un individuo escribe un número que contiene un exponente o un punto decimal, Python lo forja una entidad de punto flotante y aplica matemáticas de punto flotante (no enteros) en el momento en que el objeto se implementa en una expresión. Los números se promulgan como c dobles en un Python C estándar, convirtiéndose así en más precisos como el compilador de C referido en la construcción de intérprete de Python a gemelos.

- Enteros en Python 2.X: ordinario y largo

Hay dos categorías de Python 2.X en enteros; estándar (a menudo 32 bits) y largo (precisión ilimitada). Un entero podría concluir en un (l) o (L), esto obliga al entero a dar como resultado un entero largo. El final de un entero se hace así ya que los enteros se transfiguran inconscientemente a enteros largos cuando sus valores sobre las semillas de sus bits asignados, una persona no tendría que escribir la letra L para su yo, ya que esto puede convertirse automáticamente.

- Enteros en Python 3.X: un solo tipo

Los tipos enteros estándar y extendidos en Python 3.X: se combinan. Python 3.X: es el único entero que ayuda automáticamente a la precisión ilimitada de Python 2.X que distingue el tipo entero extendido. Por esta razón, un entero no puede codificar con I o L, y imprimirlos con carácter puede no funcionar. La mayoría de los programas que no se ven afectados por este cambio a pesar de las pruebas de categoría que comprueban los enteros largos 2.X.

- Literales hexadecimales, octales y binarios

La programación de enteros realizada en decimal (base 10), hexadecimal (base 16), octal (base 8) o binario (base 2) siempre son cruciales; las tres últimas codificaciones son las más generales en algunos dominios de programación. Hexadecimal comienza con un 0x o 0X inicial, precedido por un cordón de dígitos hexadecimales de 0–9 y A–F. Los números hexadecimales están en la mayoría de las ocasiones codificados en minúsculas o mayúsculas. Los literales octales comience con 0o o 0O, una letra inicial minúscula o mayúscula "o" o cero, luego procedió por hilo de dígitos de los números 0–7. En 2.X octal, los literales siempre se codifican con un 0 inicial que no se codifica habitualmente con octal 3.X. El octal 3.X generalmente se confunde con decimales reemplazados por 0o y se utiliza en 2.X a partir de 2.6. Los literales binarios de 2.6 y 3.0 comienzan con un interlineado de 0b o 0B que pisan el talón de los dígitos binarios de los números 0–1. Todos estos literales producen entidades enteras en el código del programa; son sintaxis alternativas para detallar valores. Las llamadas integradas hex (I), Oct (I) y bin (I) cambian un entero a su cordón de representación en tres bases mencionadas anteriormente.

Números complejps

Los literales complejos de Python se graban con frecuencia como parte real + parte imaginaria), donde la *parte imaginaria* se descontinúa una j o J. La *parte posible* siempre es técnicamente no obligatoria, y la parte *imaginaria* puede aparecer por sí sola. Internamente, los números compuestos se aplican como pares de números de punto flotante, ya que todas las funciones numéricas realizan matemáticas multiplex cuando cuando se usan como números complejos. Los números complejos generarían mucho tiempo con la compleja llamada integrada de la imagen real.

Importaciones y recargas de módulos

Hasta esta coyuntura, he estado discutiendo módulos de importación. Sin definir el término, aprenderemos mejor sobre los módulos y el diseño de grandes edificios de programas en la siguiente discusión.

- *Importar y recargar conceptos básicos*

Cada caso de documento de códigos fuente de Python que terminan con 'py' add on se conoce como un módulo. No hay ninguna sintaxis o código específico para calificar un archivo para que sea un módulo. Otros casos de documento están en posición de obtener los artículos definidos por el módulo mediante el envío en ese módulo. Los procesos de importación apilan crucialmente otros archivos y les otorgan ingreso según su contenido, que luego se pone a disposición del mundo.

La versión de servicios basados en módulos del módulo es el pensamiento principal detrás del diseño de construcción de programas Python. Los programas extendidos siempre adquieren la estructura de múltiples casos de documentos de módulos, que el equipo importado de otros archivos de módulo relacionados. Uno de los diversos módulos se delega como el script original, el archivo iniciado para iniciar todo el programa, que por lo general se ejecuta línea por línea. El nivel que precede a este nivel son los módulos de importación. Este capítulo presta más atención al hecho de que los procesos de importación se encargan de codificar un caso documentado cargado como paso de cierre. La cuestión del módulo arquitectónico se discutirá mucho más adelante en este libro.

El rol principal de recarga espera que la identidad/nombre de un objeto de módulo cargado establecido sea claro y preciso, para que pueda importar correctamente un módulo una vez más antes de volver a cargarlo. Para discutir algunas de esas ventajas que recargado tiene sobre la importación encontramos que, recargar espera que los paréntesis estén alrededor de su nombre de entidad de módulo, mientras que la importación, por otro lado, no permite que los paréntesis estén alrededor del nombre de la entidad del módulo, la recarga se define en términos de su función a la que se llama mientras que su instrucción describe la importación.

Debido a las razones descritas en el párrafo inmediato anterior, los módulos deben ejecutarse más allá de la prueba de identidad del módulo para volver a cargar como argumento entre paréntesis, y esa puede ser la razón por la que una persona puede recuperar una línea de retorno adicional al volver a cargar. La línea de resultado final puede representar explícitamente el valor de salida de la llamada de recarga. Aprenderemos más sobre el uso de funciones generalmente más adelante; por ahora, cuando escuche "función", recuerde que se requieren paréntesis para ejecutar una llamada.

La historia del módulo Grande: Atributos

Las importaciones y recargas ofrecen una opción de inauguración del programa natural, ya que los procesos de importación administran los archivos como el paso final. En la perspectiva más amplia, sin embargo, y los módulos ejecutan las funciones de las bibliotecas de equipos, como se discutirá en la Parte V. Sin embargo, la idea principal es directa: que siempre hace referencia a un módulo que es una colección de identidades de variable según las denominadas espacios de nombres, y dentro de los nombres del grupo se conocen atributos. Un atributo se conoce como una identidad mutable asociada a un módulo determinado.

Los importadores obtienen entrada a toda la identidad delegada en la jerarquía superior del caso de documento de un módulo. Estos títulos de nombres se representan en la mayoría de las ocasiones en tipos de equipos traídos por el módulo. Se propone que los roles, variables y clases se apliquen en otros archivos y proyectos. Una identidad de caso de documento de módulo se puede capturar mediante instrucciones Python, import, and reload. Para demostrarlo, la aplicación del editor de mensajes para generar un caso de documento de módulo Python de una línea conocido como myfile.py en el directorio de trabajo de una persona incorporaría el siguiente contenido:

Título: "El significado de la vida".

El "Significado de la vida" incluiría uno de los módulos Python más sencillos del mundo que contiene un solo resumen de asignación, esto sería suficiente para demostrar el punto. Cuando se envía el caso del documento, se ejecuta su código para crear el distintivo del módulo, este distintivo codificado sería el informe de asignación generado por la variable undistintivo de módulo denominado titulo. Una persona puede encontrar la declaración principal del sujeto del módulo en otro elemento en dos medios diferentes. El primer medio incurriría, una persona cargando el módulo en su totalidad más una instrucción de informe de importación. Los otros factores tendrían, una persona que se le exige que califique la identidad del módulo con el nombre distintivo para poseerla. Por lo general, el objeto de sintaxis de transporte de puntos se atribuiría a permitir que una persona conectó cualquier atributo conectado a cualquier entidad.

Módulos y espacios de nombres

Las importaciones de módulos son uno de los métodos para ejecutar un caso documentado; los módulos son los modelos de programa más significativos en los proyectos de Python y también son vital a los aspectos en el lenguaje. Los programas Python están hechos de varios casos de documentos de módulo conectados por informes de importación. Se dice que cada archivo de módulo consta de una colección de varias variables conocidas como espacio de nombres. Cada módulo es un espacio de nombres completo: ningún archivo de módulo estaría en posición de ver las identidades que se han definido los demás datos no a menos que los datos se importen desde otro archivo. Debido a la razón discutida anteriormente en las primeras frases de este párrafo, los módulos reducen el nombre knock en los códigos, los nombres de varios archivos no pueden colisionar con los de los otros archivos, incluso si los nombres tienen la misma ortografía.

Ahora es evidente que los módulos de uso son algunos de los medios que Python utiliza para construir estrategias para empaquetar variables en varios compartimentos para evitar el choque de nombres.

Importación y Reload: Notas básicas

Por razones específicas por las que puede darse cuenta de operar archivos mediante el uso de importación y recarga, atenderá a centrarse en la recarga e importación por sí sola olvidando otros parámetros de inauguración, como los clics de icono y la opción de menú IDEL. Centrarse sólo en estos dos medios puede llevar a confusión, sin embargo, ya que uno puede necesitar recordar el uso de paréntesis al llamar a la recarga. Además, la recarga no es transitiva, al recargar un módulo se supone que debe recargar ese módulo solo y evitar la recarga de otros módulos para evitar complicaciones. Debido a las complicaciones que pueden causarse como resultado de la confusión causada únicamente por centrarse únicamente en la recarga y las importaciones sería de gran importancia para evitar la introducción de muchas recargas e importaciones. La opción de menú IDLE Run–Run de los módulos ofrece una versión más natural con errores reducidos para operar los archivos de una persona. Las líneas de pedido de vaciado estructuradas ofrecen con las mismas ventajas, ya que por estas razones una persona no necesita usar la recarga si puede utilizar otras técnicas

Además, una persona puede encontrarse en problemas; y optó por utilizar el módulo de una manera inesperada, como se describe en este libro en este punto en particular. Por ejemplo, si uno quisiera traer un caso de documentos de módulo que se ha almacenado en el directorio en lugar de los que ha estado esforzando, esa persona tendrá que saltar al Capítulo 22 y estudiar sobre los medios de investigación del módulo. En esta coyuntura, si es obligatorio que una persona importe, debe intentar con todos los medios mantener todos los casos de documentos en el directorio para el que ha estado trabajando para evitar complicaciones que puedan presentarse.

Capítulo 9

Fundamentos de cuerda

Hasta esta coyuntura, hemos aprendido números y hemos estudiado los números y explorado el modelo de escritura cambiante constante de Python. En este capítulo, nos centraremos principalmente en la cadena python, que se define como una colección de características utilizadas para almacenar y constituir datos basados en texto y bytes. En los capítulos anteriores, discutimos brevemente las cadenas. En este capítulo, vamos a re-explorar lo que aprendimos anteriormente en los capítulos, pero esta vez en profundidad y rellenar parte de la información de la secciónes anteriores.

Antes de empezar a este capítulo, me gustaría esclarecer lo que no vamos a disfrazar en este capítulo. Los otros capítulos se escatiman en equipos de cadenas Unicode y casos de documentos para operar mensajes que no son ASCII. Unicode es un gadget muy crucial aplicado por algunos programadores, en la mayoría de las ocasiones aquellos que se escaneen en el ámbito de Internet. El Unicode puede aparecer repentinamente en publicaciones web, títulos de contenido de correo electrónico, herramientas de directorio, texto JSON, XML y HTML, API de GUI y transferencias FTP

Al mismo tiempo, Unicode puede convertirse en un tema estresante para los programadores que están empezando, y añadir a esto muchos programadores de Python por ahí hoy que me encuentro todavía están realizando sus trabajos en la incomprensión extática de todo el tema de Unicode. Teniendo en cuenta lo que se acaba de discutir en este párrafo, este libro degrada la mayor parte de Unicode que dice a su segmento temas modernizados como lectura no obligatoria, y establece más determinación en los núcleos de cadena en este capítulo.

Nos centraremos en explorar parte de la narrativa de cadenas en Python, el segmento que muchos scripts aplican y la mayoría de los programadores deben ser conscientes.

Examina el modelo de cadena fundamental, que se encarga del texto ASCII, y funciona de la misma manera a pesar de las circunstancias prevalecientes de qué categoría de Python utiliza una persona. A pesar de este alcance deliberadamente limitado, ya que también se encarga de Unicode presentado en Python 3.X, y el grupo Unicode distinto que funciona casi de una manera similar a str en Python 2.X, todo lo aprendido en este capítulo se aplicará directamente a Unicode procesamiento.

Historia corta del Unicode

Para los gusanos de libros que consideran Unicode, ofrecería un resumen de los beneficios Unicode e indicadores para el aprendizaje posterior. Al verlo desde un ángulo de perspectiva formal, ASCII es una forma sin complicaciones de 189 scripts Unicode, que es sólo uno de los alfabetos y codificaciones multitudinarias posibles. El script de fuentes que no son comunicantes con inglés aplicaría letras muy distintas, que se codificarían de manera diferente cuando se almacenan en archivos.

Como se ilustra antes, Python abordó esto diferenciando entre la información binaria y el texto que distinguen las categorías de objetos de cadena y las filiales de archivos. Las ayudas varían según la línea de Python:

• *En Python 3.X*

Aquí hay tres categorías de cadena presentadas: bytes se aplican para datos binarios que incorporan texto codificado, str se aplica para texto Unicode que integra ASCII, y byte-array presenta una metamorfosis errática de bytes. Los archivos trabajan en dos modos diferentes: *Texto*, funcionan en dos métodos: *texto*, que constituye el ámbito como str y ejecuta codificaciones Unicode, y *binario,*que funciona en bytessin procesar. Binary no es responsable de la traducción de información.

- *En Python 2.X*

Las cadenas Unicode en *Python 2.X* equivalen a un script Unicode, las cadenas str realizan información binaria y texto de 8 bits. Byte-array es conveniente en 2.6 y a veces como un puerto posterior como resultado de 3.X. El ámbito de los archivos habituales es fácilmente bytes que se representan como str. El módulo de un códec desencierra los casos de documentos de texto Unicode, realiza codificaciones y representa el ámbito como entidades Unicode.

Independientemente de dicho modelo distinto, cuando una persona necesita fomentar acerca de Unicode, reconocerá que Unicode es una extensión relativamente leve. Una vez que el mensaje está en la memoria, es una cadena de python de características que ayuda a todos los conceptos básicos que se discutirán en este capítulo. Las principales diferencias de Unicode se encuentran ocasionalmente en la etapa de traducción necesaria para moverlo al archivo y de forma similar desde los datos.

Una vez más, ya que la mayoría de los programadores encuentran innecesario ir al embrague con Unicode

Características por adelantado, la mayoría de estos detalles se han movido a otro capítulo como vamos a ver más adelante. Si estás listo para estudiar conceptos de cuerda más complicados, te animaré a esperar por ahora hasta el momento en que los estaremos explorando en detalle. En este capítulo, nos centraremos más en la categoría de cadena principal y sus procesos. Este se aplicará directamente a la categoría de cadena más modernizada en el conjunto de herramientas de Python.

Fundamentos de la cadena

Las cadenas se pueden aplicar a cantidad a cualquier cosa que se pueda codificar como un byte o script desde un punto de vista funcional. El departamento de texto incorpora palabras y símbolos, ámbitos de casos de documentos de texto infundidos en la memoria y describe el código fuente de Python. Las cadenas también se pueden aplicar para controlar bytes sin procesar implicados en transferencias de red, casos de documentos multimedia y, por último, aquellas versiones codificadas y descodificadas de texto ASCII de Unicode utilizadas en programas mundiales significativos.

Las cadenas de Python realizan una función similar a las matrices de caracteres en algunos lenguajes como C, pero están en equipos de nivel superior que las matrices. Como diferente en C, las cadenas de Python se presentan con un sólido conjunto de herramientas operativas. También diferente a lenguajes como C, Python Sting no tiene categorías diferentes para caracteres personalizados, sino que se aplica una cadena de un solo carácter.

Las cadenas de Python se clasifican como *secuencias inmutables,* dando la impresión de que las cadenas de Python de caracteres poseen una disposición posicional de izquierda a derecha que no se puede modificar en ningún lugar. Una cadena es el primer agente de la clase extendida de entidad denominada s*ecuencias* que se describen aquí. Hay que prestar atención más específicamente en el proceso de secuenciación iniciado en el capítulo 7, ya que perfumarán una función similar a otras categorías de secuencias que discutiremos más adelante en este capítulo incorporando tuplas y listas.

La Tabla 7-1 a continuación nos ofrece una vista previa estándar de literales de cadena y el proceso que este capítulo explorará. Las cadenas vacías siempre se graban como un conjunto de comillas como simples o dobles sin una sola cosa entre ellas; se pueden utilizar varios métodos para codificar cadenas. Para la operación, las cadenas ayudan al proceso de expresión, incluida la combinación de cadenas (concatenación), la extracción de partes (corte) y la recopilación por desplazamiento (indexing). Aparte de las expresiones, Python también ofrece un par de métodos de cadena que aplican actividades específicas de cadena generales, y módulos para aumentar las operaciones de procesamiento de texto modernizadas, como la emulación de patrones. Todo ello se debatirá más adelante en este capítulo.

La siguiente tabla7-1 muestra algunos ejemplos de operaciones de cadena general y literales

Operación	Interpretación
S á "	Ilustra la cadena vacía
S - " spam ' s "	Las comillas dobles son similares a una sola cita
S ' s 'np'ta'x00m '	Ilustra la secuencia de escape
S " " " ... multilínea...""""	Muestra un ejemplo de una cadena de bloque con comillas tripartitas
S á r "temp'spam'	Ilustra la cadena sin procesar
B á b 'sp-xc4m'	Muestra una cadena de bytes 2.6, 2.7 y 3.X que se discutió en el capítulo 4 y también se tratará en el capítulo 37.
U á u ' sp-u00c4m'	Ilustra Unicode 2.X y 3.3+ esto se discutió en el capítulo 4 y también se discutirá en el capítulo 37.
S1 + S2 y S * 3	Representa una cadena concatenada d que se repite
S[i], S[i : j] y Len(S)	Representa índice, sector y longitud respectivamente
"un loro %s" % tipo	Ilustra una expresión de formato

	de cadena
"un loro de 0o" . formato (tipo)	Ilustra un modelo de formato de cadena en 2.6, 2.7 y 3.X
S. find('pa')	Representa modelos de cadenas
S.rstrip()	Representa la terminación del espacio en blanco
S.replace('pa', 'xx')	Representa el reemplazo
S.split(',')	Significa división en delimitador
S.isdigit()	Ilustra la prueba de alcance
S, inferior ()	Significa conversión de casos
S.endswith('spam')	Ilustra la prueba final
Re.match('sp(.*)am', línea	Es sinónimo de emparejamiento de diseño

Más allá del par necesario de implementos de cadena ilustrados en la Tabla 7-1, Python ayuda a la operación de cadena basada en patrones más modernizado con el módulo de la biblioteca personalizada, que había sido instigado y en el capítulo 4 y todavía se discutirá en el capítulo 36. El contenido de este libro, though, se determina en el rudimentario que se ha presentado en la Tabla 7-1 anterior. Cubriendo los núcleos, el capítulo que estamos discutiendo comienza con una recapitulación de expresión de cadena y estructuras de cadena literales y luego procede a percibir equipos más avanzados que incorporan formato de cadena y modelos. Python presenta varios implementos de cadena que no discutiremos en este capítulo. Cuántos objetivos de este capítulo serían examinar las herramientas más comúnmente aplicadas para mostrar como con la muestra representativa: los modelos que no verá en acción en este capítulo son ampliamente análogos a los que discutiremos.

Ejemplos de String Literales

Las cadenas son fáciles de aplicar en Python. Lo más complejo que les concierne es que tienen una variedad para grabarlos en un código personal; incluyen:

- Una cita representada por 'spa"m'

- Cita dual representada por "spa'm"

- Citas tripartitas representadas por ' ' ' spam ... " " " ... Spam... " " "

- Secuencia de abscond representada por "s-tp-test.spm"

- Las cadenas sin procesar que se representan mediante r " C:-new-test.spm"

- Literales de bytes representados en 3.X y 3.3+ ilustrados por b'sp-x01am'

- Literales Unicode en 3.3+ y 2.X representados por u'egg-u0020spam'

Las versiones dual y de comillas simples de literales son las más comunes utilizadas: otras realizan una función única que se discutiría más adelante. Otros giros alternativos para incluir:

Cuerdas simples y de doble cotización are el mismo

La doble y una cita de las naturalezas de cadenas de Python son traspasables. ese

Es dar a entender que, los literales de cadena se pueden observar como rodeados por dos comillas simples o dos dobles. Las dos cadenas siguientes son intercambiables una vez que se han codificado.

>> 'arbustos,, "arbustos"

('arbusto', 'arbusto')

La razón principal detrás de ayudar a las comillas simples y dobles es permitir que una persona implante una naturaleza de cotización de otras variables dentro de una cuerda con atornillarla con retroceso. Una persona también puede fijar una naturaleza de una comilla en una cadena encerrada en caracteres de comillas dobles y de otra manera. Por ejemplo; *>>'caballeros', "caballero"*

('caballeros', "caballero's")

El libro comúnmente se refiere a la aplicación de una cita alrededor de las cadenas, ya que son apenas fáciles de estudiar, incluidos los casos donde una cita se fija en la cadena. Esta es una opción de métodos totalmente subjetivos, Python retrata. Un punto importante a tener en cuenta aquí es que las comas son muy cruciales a tener en cuenta. Sin entonces, Python concatena robóticamente literales de cadena adyacentes en cualquier rodamiento, aunque esto puede ser más fácil agregar un operador + en el medio para agregar la concatenación explícitamente, ya que esto se discutirá en detalle más adelante, envolviendo esto versión entre paréntesis también le permitirá abarcar varias líneas.

>> título " "Significado " 'de' " Vida"

>>> título 'significado de vida'

La adición de comas entre cadenas puede desarrollarse a una tupla, y tal vez no una cadena. Además, puede descubrir que en todos estos retornos que Python extrae, las cadenas se imprimen en una comillas únicas a menos que sean fijas. Si las cuerdas son necesarias, una persona puede tener una alternativa para fijar la naturaleza de la cotización atornillarlas con contra espaldas.

La última muestra que discutimos aquí implantó una cita en la parte interna de una cadena, y luego, siguiendo la cadena con una barra diagonal inversa. Esto serviría como una representación de un patrón típico en una cadena: las barras diagonales inversas se aplican aquí para iniciar una naturaleza extraordinaria de programación conocida como secuencias de escape/perno. Las secuencias de escape nos permiten implantar maquillajes en cuerdas que no se codificarán simplemente en los teclados. La naturaleza ilustrada como, y uno o varios maquillajes que lo anhelan en el literal de cadena, siempre se restauran con una naturaleza en la identidad de cadena de derivación, que posee el valor binario especificado por la secuencia de perno. Las dos naturalezas representadas como n presentan una sola naturaleza. La practicidad binaria de la nueva línea del par de naturaleza de una persona se representa en el código de caracteres ASCII. De la misma manera, una secuencia que se indica como "t" se sustituye por la naturaleza de la pestaña. La apariencia de esta cadena cuando se imprime pivota en el proceso de impresión. El eco comunicante representa los caracteres únicos como decamp/escape, pero print los analiza como una alternativa a:

>> *s*

'a'nb'tc'

>> *impresión(es)*

Un

b c

Para estar seguro del ejercicio de los números de caracteres que representan en esta cadena, una persona puede utilizar el rol len integrado, que devuelve el verdadero número de naturalezas en una cadena, a pesar de cómo se codifican o se representan. Por ejemplo;

```
>> len(s)
```

5

La cadena anterior es un ejemplo de una naturaleza de cinco de una cadena larga, que tiene un ASCII a, que representa una naturaleza de nueva línea como ASCII también representan como b, y en el futuro.

Nota

a) Si una persona es disciplinada con el script ASCII, puede tentar a una persona a pensar en el resultado como una referencia a un cinco bytes, que probablemente no debería estar pensando. Los bytes no tienen un significado definido en el ecosistema Unicode. Para una sola cosa que destaca es que la identidad de cadena se extiende generalmente en la memoria de Python.

b) Lo que es más importante, tanto el ámbito de cadena como la profundidad representan un punto de código que identifica números representados en Unicode-speech, donde un carácter no se asigna directamente a un byte representan de dos maneras (ya sea cuando se codifican en mayúsculas y minúsculas de documento o cuando se almacenan en memoria) y la longitud ambos reflejan los puntos de código (números de identificación). Este proceso de asignación fácil script ASCII de 7 bits, pero se basaría tanto en el esquema de almacenamiento interno aplicado como en la categoría de programación externa utilizada. Por ejemplo, en UTF-16, los caracteres ASCII son muchos bytes de datos y se pueden presentar en 1, 2 o 4 bytes en memoria que dependen de cómo Python distribuye su espacio. Para el script que no es ASCII, cuyos méritos de caracteres principales pueden ampliarse para adaptarse a un byte de 8 bits, es posible que no se aplique la asignación de naturaleza a byte.

c) El 3.X hace referencia a las cadenas str formalmente como patrones de puntos de código Unicode, y no bytes. En el capítulo 37, el proceso de almacenamiento interno de cadenas se ha ilustrado bastante bien para obtener más información sobre este proceso, y se puede hacer referencia al capítulo 37. En este capítulo, debemos pensar en caracteres en lugar de bytes de cosa en cadenas.

Los caracteres de barra diagonal inversa reales en el siguiente resultado normalmente se almacenan junto con la cadena en memoria; en su lugar se aplican sólo para mostrar méritos de naturaleza únicos que se supone que se almacenan en la cadena. Para caracteres de programación únicos, ayuda a Python a reconocer un par completo de la secuencia de código de escape. Esto se ha enumerado en la siguiente Tabla 7-2.

La Tabla 7-2 muestra algunos de los caracteres de contragolpe de cadena con su ilustración.

Escapar	Ilustración
•newline	Continúa la línea ignorada
\\	Retroceso (estrés único)
\'	Representar en la cotización (piles')
\"	Doble cita (tienda")
\a	Campana
\b	Reacción
F	Alimentación de formularios
N	Nueva línea (alimentación de línea)
\r	Resultado del transporte
\t	Pestaña horizontal
\v	Pestaña vertical
Xhh	Naturaleza con valor hexadecimal hh
\000	Carácter con mérito octal 000
\0	Nulo: carácter binario 0 que no termina la cadena
•N- id ?	ID de base de datos Unicode
Uhhhh	Naturaleza Unicode con valor hexadecimal de 16 bits
Uhhhhhhh	Naturaleza Unicode con mérito hexagonal de 32 bits
•otros	No es un escape. Mantiene tanto

Tenga en cuenta *que:*

- *El escape se presentó como Uhhhh... patrón tomar en realidad ocho números hexadecimales (h); tanto a ti como a U. Estos números solo se reconocen en los literales de cadena Unicode 2.X, pero también se pueden utilizar en la cadena estándar 3.X. Los escapes hexadecimales y octales designan el byte que ha dado mérito; esto se representa en un literal de 3.X bytes, también indican la naturaleza Unicode con un valor de punto de código emitido. Más de esto se discutiría más adelante.*

Algunos patrones de escape pueden permitir que una persona corrija y el mérito binario independiente en la naturaleza de una cadena. Por ejemplo, la siguiente es una cadena de cinco caracteres que corrige dos naturalezas con méritos binarios cero que se codifican como un escape octal de un solo número.

>> s á 'a-0b-0c'

>> s

'a'x00b'x00c'

>> len(s)

5

En Python, un cero representa un carácter nulo que no destruye una cadena, la forma en que un byte nulo real destruye en C. Como alternativa, Python almacena el texto de la cadena y el script de longitud en la memoria. Se argumenta que ningún carácter destruye una cadena en Python. Una cadena que es códigos independientes un escape binario como un binario 1 y 2 como codificado en octal, a continuación, este binario está precedido por hexadecimal codificado en binario 3. Esto se ilustra de la siguiente manera:

>> s á "001'002'x03'

>> s

"x01'x02'x03'

>> len(s)

3

Una persona puede darse cuenta de que Python exhibe naturalezas no imprimibles en hexadecimal; a pesar de anteriormente estaban detallados. Un individuo puede armar abiertamente una escapada al mérito absoluto y los modelos de escape alegóricos más probables ilustrados en la Tabla 7-2. La cadena de procedimiento tiene la naturaleza de "spam", con una pestaña y una nueva línea, y un valor cero completo de la naturaleza codificado en hexadecimal.

>> S - "s-tp-na-x00m"

>> S

' s'tp'na'x00m '

>> len(S)

7

>>> imprimir(S)

s p

a m

Esto es esencial cuando se convierte en el momento de saber cuándo operar datos de casos de documentos binarios en Python. Puesto que sus ámbitos se constituyen como cadenas en los textos de una persona, a partir de esto, entonces puede estar bien para operar archivos binarios que tienen cualquier mérito de bytes binarios. Cuando los archivos se desenclavan en modos binarios, recuperan cadenas de bytes sin procesar del archivo externo, para obtener más información sobre los archivos que puede ir a los capítulos anteriores. Como la entrada más trasera en la Tabla 7-2 implícita, en la situación de que Python no se da cuenta de la naturaleza después de un código de escape racional, puede almacenar fácilmente la barra diagonal inversa en la siguiente cadena como;

>> x á "C:-py-code" - Mantiene literalmente (y lo muestra como "C")

>> x

'C:'py''código'

>> len(x)

10

Sin embargo, a menos que una persona esté en condiciones de cometer todo el escape mostrado en la Tabla 7-2 a la memoria, no debe depender del comportamiento explicado en el párrafo inmediato anterior. Para estar en posición de codificar barras diagonales inversas literales sin rodeos de tal manera que se mantengan en la cadena de un individuo, uno puede encontrar que es necesario doblarlos como *" es un escape para un solo* .

Cuerdas crudas Suprimir Escapes

Patrón de escape es conveniente para la implantación de códigos de caracteres únicos encerrados por cuerdas. Ocasionalmente, sin embargo, el cuidado necesario de las barras invertidas para las fugas de inauguración puede dirigir a la vejación .puede conducir a problemas. Es sorprendentemente a menudo, para experimentar Python principiante en la sala de aprendizaje tratando de desbarrar un caso documentado con un razonamiento de nombre de archivo que puede aparecer como este*: myfile - open('C:'new'text.dat', 'w')* y tener una vista de que los archivos se desbloquearán otro archivo conocido como text.dat en el directorio C:-new. El desafío que se presenta aquí es que el símbolo de la nueva línea, y el valor de la pestaña se restaura con una pestaña. Como resultado, la llamada intentaría desenclavar un caso documentado llamado C:(newline)ew(tab)ext.dat, con un resultado menor que estelar común.

Todo el proceso implicaría algunas de las cosas que las cadenas sin procesar tienen como propósito perming. Si el alfabeto r (mayúsculas o minúsculas) viene antes de la cita de desenclavamiento de la cadena, se desenganchará el mecanismo de escape. El resultado implica que Python restaura una persona barras diagonales inversas literalmente, en realidad como una persona puede escribirlas. Por lo tanto, para incrustar el desafío de nombre de archivo, para recuperar un miembro para adjuntar la letra r en Windows: como *myfile á abierto (r'C:'new'text.dat', 'w')*. Como sustituto, dado que dos barras diagonales inversas son un patrón de escape para una sola barra invertida, una persona puede almacenar barras diagonales inversas duplicando cómodamente arriba: como myfile ?open('C:'new"text.dat', 'w') . Python en sí a menudo utiliza intriga de duplicación cuando imprime cadenas con barras diagonales inversas implantadas:

>> *Ruta de acceso a r'C:-nuevo-text.dat'*

>> *Ruta de acceso : Mostrar como código Python*

'C:'nuevo"text.dat'

>> *imprimir (ruta) - Formato fácil de usar*

C:-new-text.dat

>> len (ruta) - Longitud de la cuerda

15

Al igual que con el dígito indicativo, la estructura predeterminada en las impresiones comunicativas y rápidas que se desarrolla como si fueran códigos anteriores y, por lo tanto, escape a barras diagonales inversas en el resultado final. La instrucción print ofrece una estructura más sólida que ilustra que solo hay una barra diagonal inversa presente en cada punto. Para probar este caso, una persona puede comprobar la salida de la función de lente incorporada, que trae de vuelta el número de naturalezas en la cadena, que es independiente de la estructura exhibida. Si un individuo puede contar las naturalezas en la salida del trayecto, puede ver que hay una barra diagonal inversa de una naturaleza, por una suma de 15.

Aparte de las impresiones de directorios en Windows, las cadenas sin procesar se aplican a menudo en una convención regular, la secuencia de texto que coincide con la ayuda en los módulos se inicia en el capítulo 4 y el capítulo 8. Además del tema discutido, es necesario tener en cuenta que los textos de Python pueden utilizar ranuras posteriores en las impresiones de directorios en Windows y Unix, ya que Python intenta esclarecer rutas que pueden tomar una presentación de 'C:/new/text.dat' y trabajos al abrir casos de documentos. Las cadenas sin procesar son esenciales cuando las rutas de código de personas utilizan barras diagonales inversas locales de Windows, aunque al codificar.

Señale nota

- *A pesar de la función de cadenas, incluso cuando no puede terminar en una barra diagonal inversa ya que los escapes de barra diagonal inversa siguen el carácter de comillas. Todavía es obligatorio que una persona escape la naturaleza de la cita circundante para fijarlo en la cadena. Lo que representaría, r "..." que no es un literal de cadena adecuado, una cadena sin procesar tampoco puede terminar en un dígito desigual (como 1, 3, etc.) de barras diagonales inversas.*

- *Cuando las personas necesitan cerrar una cadena sin procesar con una sola barra invertida, pueden aplicar dos y barras de la 2a presentadas como r'1'nb'tc'[:-1]anclado como un único manual que se muestra como r'1-nb-tc' + '-', las personas también pueden tener una alternativa para saltarse el sintaxis en cadena y simplemente duplicar las barras diagonales inversas en una cadena estándar que se puede presentar como '1 ' . Los tres formularios descritos anteriormente en este párrafo generan una cadena de 8 caracteres que tiene tres barras diagonales inversas.*

Tripartite Quotes Code

En los temas anteriores de este capítulo, hemos explorado sobre cadenas sin procesar, escapes, comillas simples y comillas dobles o dobles. En esta coyuntura, discutiremos un literal de cadena de comillas de tres vías que Python. También se refiere a como cadena se bloquea veces. La forma de programación de cadenas de bloques multilínea comienza con tres comillas que son la variedad simple o dual, luego procedió por cualquier línea numérica de scripts, y finalmente terminó con un patrón de comillas tripartitas similar que lo abre. Exploramos que las comillas simples y dobles fijadas en el script de la cadena pueden ser o no escapadas. La cadena aquí no se encierra hasta que Python experimenta tres citas sin escape de la naturaleza similar utilizada para comenzar el literal. Por ejemplo, la notación "..." aquí está el símbolo de Python para líneas prolongadas en el exterior IDLE:

>> *pantra """Usualmente aparecen*

... en el vívido

... lado de la vida.""

>>

>> *pantra*

"Por lo general, aparecen en el lado vivo de la vida."

La cadena de bloques multilínea de tres vías se extiende hasta tres líneas. Como se aprendió anteriormente , algunas interfaces solicitan cambios interactivos a ... en líneas prolongadas, pero IDLE puede caer fácilmente en una sola línea; este libro ilustra los listados en ambas estructuras, deducidos según sea necesario. Además, Python captura todo el script citado tripartito en una cadena de varias líneas, con las naturalezas de nueva línea implantadas en las regiones donde el código de una persona tiene grietas en la línea. Puede llegar a su atención que, como en el literal la línea 2 en el resultado tiene margen principal que la línea 3 no tiene, aquí lo que la gente escribe es lo que realmente obtienen. Para percibir la cadena con la interpretación de las líneas nuevas se imprimen como un reemplazo de eco:

- \>> impresión (pantra)

- Por lo general, aparecen

- en el vívido

- lado de la vida.

Las cadenas entrecomilladas a tres vías mantendrán todo el script rodeado, incorporando cualquiera al lado derecho de una persona que pueda planear como sugerencias. Así que una persona no debe poner sus comentarios por debajo o por encima del script citado, o utilizar la concatenación robótica de las cadenas adyacentes divulgar antes, con nuevas líneas contundentes si anhelan y paréntesis cercanos para permitir el estiramiento de la línea. Algunas de estas últimas estructuras de reglas de ax synt son las siguientes:

>> factura de tarifas """spam - comentarios aquí añadidos a la cadena!

... carne - ditto

... """

>>factura de tarifa

'span - comentarios aquí anexados a la cadena!

>> Factura de tarifas (

... "spam" - Comentarios aquí ignorados

... "carne" , pero las líneas nuevas no automáticas

...)

>>> factura de tarifa

'spam'ncarne"

Las cadenas entrecomilladas por tripartitos son esenciales cada vez que un individuo requiere un script multilínea en su programa; por ejemplo, para implantar textos de falacias multilínea o código XML, HTML o JSON en casos de documentos de código fuente de Python. Un individuo puede implantar bloques como textos falacias o XML, HTML o JSON directamente en sus libros mediante la triple cita sin usar archivos de script externos o una nueva línea y concatenación obvias. Las cadenas de tres comillas se aplican comúnmente en la presentación de cadenas, que se pescan se hacen visibles en cualquier punto particular del archivo de un individuo. Estos archivos no tienen que ser bloques de cotización tripartita, pero siempre están permitidos para comentarios de líneas múltiples. Eventualmente, las cuerdas de tres citas se utilizan a menudo tan horriblemente como una manera de incapacitar temporalmente las líneas de código durante su crecimiento, que no es demasiado horrible, pero práctica bastante general hoy en día. Si uno puede querer posponer algunas líneas de código y operar el texto de otra persona, necesita poner citas por debajo y por encima de ellas, como se ilustra a continuación:

X 1

"""

barco os - Incapacitar este código temporalmente

impresión (os.attainedcwd())

"""

Y = 2

Esto es lo que llamamos hackish ya que Python realmente puede construir una cadena a partir de las líneas de código deteriorado de la manera ilustrada, pero esto puede no ser crucial en términos de operación. Para los segmentos extendidos de código, también puede ser más sencillo que anexar físicamente indicadores hash antes de cada línea y posteriormente eliminar las líneas. Esto es cierto especialmente cuando una persona está utilizando un editor de scripts que no implica la ayuda de edición en código Python.

Cuerdas en acción

Una vez que una persona ha generado una cadena que contiene las expresiones literales, es posible que desee usarla. Esta sección de este capítulo y las dos secciones de procedimiento siguientes ilustrarán expresiones de cadena, metodologías y tipos de formato.

Operaciones básicas

En la operación básica comenzamos por asociación con los analizadores de Python para demostrar el proceso de cadena principal enumerado en la Tabla 7-2 anterior. Una persona puede concatenar cadenas utilizando el operador + y rehacer el operador *aplicación:

% pitón

>>> len('abc') - Profundidad: número de elementos

3

>>> 'abc' + 'def' - Concatenación: una nueva cadena

'abcdef'

*>>> 'Na!' * 4 ' Repetición: como "¡Na!" + "¡Na!" + ...*

¡Na! ¡Na! ¡Na! ¡Activado! '

El rol de lente incorporado aquí vuelve a la profundidad/longitud de la cuerda. Formalmente, anexar dos entidades de cadena con + que genera una nueva entidad de cadena, con el ámbito de sus operandos asociados.

La reiteración puede aparecer un poco oculta en la instancia, pero viene más tarde en un dígito sorprendente de contextos que se puede reparar. Por ejemplo, para que una persona imprima una línea de 70 guiones, debe enumerar hasta ese número o dejar que Python se enumere por él/ella.

*>> **print('------- ... más... ---')** 70 guiones, la forma resistente*

*>> **print('-' * 70)** a 70 guiones, la forma sencilla*

Se le ocurrirá que el encumbir operador ya está en el trabajo: aquí un similar + y * operadores se utilizan para hacer la adición y multiplicación al aplicar el simbolo numérico. Python realiza un proceso minucioso, ya que reconoce las entidades de categoría que se agregan y se multiplican. Una persona necesita tomar precauciones ya que las regulaciones no son literales como puede pensar. Por ejemplo, Python permite a las personas mezclar dígitos y cadenas en la aserción +: 'abc' +9 trae falacias en lugar de cambiar robóticamente 9 a una cadena. Como se ilustra en la final del Cuadro 7-2,por ejemplo, una persona también puede repetir en cadenas en instrucciones kinks que iteran la acción y la pertenencia a la prueba tanto para naturalezas como para subcadenas con el operador de aserción, que es crucial mente una búsqueda. Las subcadenas, son muy similares al modelo str.find() estudiado más adelante en este capítulo, pero recupera un resultado booleano como alternativa a la posición de las cadenas denotan como la llamada de impresión 3.X que puede dejar el cursor de una persona un poco sangría; en 2.X decir impresión c, en su lugar:

>> mytask - "hacker"

>> para c en mytask: print(c, end" ') - Paso a través de *elementos, imprimir cada uno (formulario 3.X)*

... De H a C K y R

>> "k" en mytask *? Encontrado*

Verdad

>> "z" en mytask *? No encontrado*

Falso

>> 'spam' en 'abcspamdef' *- Forraje de subcadenas, sin punto devuelto*

Verdad

El bucle permite una variable a objetos sucesivos en un patrón e implementa una sola o más instrucciones para cada objeto. Como efecto, la variable c se convierte en un cursor de pisado de la cadena a través de los caracteres de la cadena. Vamos a discutir que herramientas en detalle más adelante.

Indexación y corte

Dado que las cadenas se conocen como el cuerpo de caracteres instruido, las personas pueden introducir sus elementos por posición. En Python, los componentes de una cadena se recopilan indexando ofreciendo el desplazamiento numérico de las entidades necesarias entre corchetes después de la cadena. Una persona puede acceder de nuevo a la cadena de un solo carácter en un ángulo determinado.

En el lenguaje C, los desplazamientos de Python comienzan en 0 y concluyen en 1 < la longitud de la cadena. A diferencia de C, sin embargo, Python permite a una persona recopilar objetos de patrones como cadenas que aplican un desplazamiento negativo. Estratégicamente, se añade un desplazamiento negativo a la longitud de una cadena para obtener un desplazamiento positivo. Una persona cal también reflexiona sobre los desplazamientos negativos como enumerar inversamente desde el final. La interacción del procedimiento ilustra:

>> *S - 'spam'*

>> *S[0], S[-2]* - *Indexación frontal o frontal*

115

('s', 'a')

>> S[1:3], S[1:], S[:-1] - Cortar: extraer un segmento

('pa', 'pam', 'spa')

La línea inicial describe una cadena de cuatro caracteres y eso permite su identidad S. La línea siguiente lo indexa en dos medios: S[0] recoge el objeto en un desplazamiento de 0 desde la izquierda, la cadena de carácter único's'; S[-2] acceder al objeto en el desplazamiento 2 detrás desde el final o por igual, en offset(4 + (2)) desde el ante. Desfase y cortes de trazados a las celdas, como se ilustra en la Figura 7-1 a continuación:

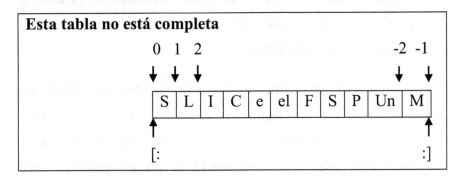

En *la Figura 7-1. Desplazamientos y sectores: desde el lado izquierdo de la figura comienza el desplazamiento positivo (0) y desde el extremo derecho comienza el desplazamiento negativo (-1) se pueden aplicar desplazamientos positivos y negativos para acceder a la posición del proceso de corte e indexación.*

Además, la línea envolvente en el ejemplo de procedimiento ilustra el corte como un tipo frecuente de indexación que recupera todo el segmento en lugar de una sola herramienta. La forma más precisa para meditar sobre el corte es que es una forma de analizar la estructura cuando se aplica a la cadena. El corte permite a las personas extraer un segmento entero en un solo paso. Puede estar involucrado en la extracción de columnas de archivos, y el texto del rastro.

Los núcleos del corte son directos. Cuando una persona indexa una herramienta de patrón como una cadena en un conjunto de desplazamientos aislados por dos puntos, Python recupera un nuevo dispositivo que tiene una parte adyacente identificada por el conjunto de desplazamiento. El desplazamiento izquierdo se conoce como límite inferior que es inclusivo, y el desplazamiento derecho se considera el límite superior que no es inclusivo. Esto implica que Python recopila todos los objetos del límite inferior, pero no incorpora el límite superior y recupera un nuevo elemento que tiene los objetos administrados. Si se deja fuera, la longitud del elemento que una persona está cortando, y los límites izquierdo y derecho se establecen de forma predeterminada en 0. Por ejemplo, en el caso que hemos visto anteriormente, S[1:3] extricar los objetos en ambos desplazamientos 1 y 2: toma el 2 nd y 3 rd objetos, y se detiene ante el cuarto objeto en el desplazamiento 3. El procedimiento S [1:] accede a todos los objetos más allá del primer desplazamiento. El límite superior no se clarifica, ya que se basa de forma predeterminada en la extensión de la cadena. Finalmente, S[:-1] recopila todos los últimos objetos predeterminados en) y -1, que todos hace referencia al objeto anterior, que no es inclusivo.

La explicación anterior puede parecer desafiante en el primer encuentro, pero la indexación y el corte son elementos fáciles y fuertes para aplicar una vez que una persona accede la knack. Debe tener en cuenta que, si no tiene efecto sobre los impactos de la rebanada, entonces debe probarlo. En el capítulo 9, usted llegará a saber que es posible alterar toda una parte de otro elemento en un solo paso mediante la asignación a una rebanada. El siguiente es un brief de la profundidad como referencia:

a) La indexación (S[i])recopila elementos en los desplazamientos:

- El primer objeto en el desplazamiento 0.

- Los índices negativos implican enumerar hacia atrás desde el final o la derecha.

- S[0] recoge el primer objeto.

- S[-2] recoge el segundo objeto desde el final (como S[len(S)-2]).

b) El corte (S[i:j])extrae partes adyacentes de patrones:

- El límite superior se conoce como no inclusivo.

- Los bordes de los sectores tienen el valor predeterminado 0 y la longitud del patrón, si se deja fuera.

- S[1:3] recoge objetos en los desplazamientos 1 hasta pero sin incorporar 3.

- S[1:] reúne objetos en el desplazamiento 1 a través del final de la longitud del patrón.

- S[:3] recoge objetos en el desplazamiento 0 hasta pero no incorporan3.

- S[:-1] reúne los objetos en el desplazamiento 0 hasta pero no incorporando el objeto final.

- S[:] reunir objetos en los desplazamientos 0 a través del final, haciendo una copia de nivel superior de S.

c) El corte ampliado (S[i:j:k]) da un paso, que por defecto es +1:

- Permisos para omitir objetos e invertir el orden

La segunda última herramienta de viñeta enumerada anteriormente sucede como una estrategia prevalente; ilustra todo un duplicado de nivel superior de un elemento de patrón, que es un elemento con un valor similar, pero con una pieza de memoria diferente. Esto no es muy esencial para herramientas inflexibles como cadenas, pero se presenta conveniente para los elementos que pueden estar in filtrar en su lugar, tales como listas.

En el siguiente capítulo, experimentará que la sintaxis aplicada al índice por un desplazamiento que significa los corchetes, se utiliza para indexar diccionarios mediante el uso de una clave de la misma manera: el proceso parece similar pero contiene distintas interpretaciones.

Licencia extendida: El tercer límite y corte

En Python 2.3, la aserción de sectores contiene ayuda para un tercer índice no obligatorio, que se utiliza como un paso que a menudo se conoce como zancada. El nivel se anexa al índice de cada objeto extraído. El tipo completo de una rebanada se traduce a $X[I{:}J{:}K]$, que significa que una persona debe extirpar todos los objetos presentes en X, desde el desplazamiento I a través de J-1, por K. El límite 3 rd que es K, por defecto es +1, esta es la razón por la que todos los objetos de un sector se extirpan de izquierda a derecha. Si una persona aclara un valor contundente, puede, sin embargo, aplicar el límite 3° 3 para omitir los objetos para restaurar su orden. Por ejemplo, X[1:10:2] reuniría entre sí el objeto en X de los desplazamientos 1-9, para implicar que buscaría los objetos en los desplazamientos de 1, 3, 5, 7 y 9. Los límites primero y segundo siempre tienen como valor predeterminado 0 y la extensión del patrón, respectivamente. La X[::2] obtendrá todos los demás objetos desde el principio hasta el final del patrón:

>> **S á 'abcdefghijklmnop'**

>> **S[1:10:2]** - Omitir objeto

'bdfhj'

>> **S[::2]**

'acegikmo'

Una persona también puede aplicar un paso negativo para reunir objetos de orden inverso. Por ejemplo, la expresión de corte "bello" [::-1] recupera la nueva cadena "olleh". La longitud del pattern y las dos iniciales se enlazarán de forma predeterminada a 0. Astride de -1 muestran que la rebanada se supone que debe ir de derecha a izquierda en lugar dde izquierda a derecha. El impacto es mantener el patrón.

>> **S á 'bello'**

>> **S[:-1]** - Invertir objeto

'olleh'

Es esencial entender que con un paso negativo, las denotaciones de los dos límites iniciales se mantienen crucialmente. El sector S [5:1:-1] reúne los objetos de 2 a 5, en el orden opuesto, el resultado tiene el objetos de los desplazamientos 5, 4, 3 y 2:

>> **S - 'abcedfg'**

>> **S[5:1:-1]** - Las regulaciones de límites difieren

'fdec'

Omitir y alterar son los casos aplicados con más frecuencia de sectores de tres límites, pero para obtener más información sobre esto, puede consultar la guía wanted library de Pythono pasar por algunos experimentos e investigaciones que son interactivos. Junto con la declaración de bucle y la rebanada de tres límites, volveremos a examinar más detalles sobre el tema más adelante en el transcurso de este capítulo. Más adelante en el libro, también discutiremos que el corte es igual a con un objeto de rebanada, que es muy vital para una clase de escritores que buscan ayudar a ambas operaciones:

>> **'spam'[1:3]** - Sintaxis de corte

'pa'

>>> **'spam'[slice(1, 3)]** ? Elemento de sector con sintaxis de índice + elemento

'pa'

>>> **'spam'[::-1]**

'mapas'

>>> **'spam'[slice(None, None, 1)]**

'mapas'

Razones por las que una persona se preocupará por las rebanadas

En todo el libro, incorporaré barras laterales de casos de uso común para ilustrar la forma en que algunas características del lenguaje introducidas aquí se aplican típicamente en programas reales ya que no estarás en posición de alcanzar un sentido práctico no hasta que una persona obtenga información sobre las imágenes de Python. Las barras laterales son muy necesarias ya que tienen varias referencias a temas y temas que se han introducido. Una persona debe examinar las vistas previas de los medios que podría descubrir en la noción de lenguaje abstracto útil en las actividades de programación general.

Por ejemplo, la gente percibe más adelante que los textos de argumento descritos en una línea de órdenes del sistema se utiliza para introducir un programa Python disponible en el argv atribuyó

módulo sys:

• caso de documento echo.pyship sys

print(sys.argv)

% **de pitón echo.py a a b –c**

['echo.py', "a', "b', "c']

Aquí, sólo quedará fascinado invirtiendo en los argumentos que continúan con la identidad del programa. La inspección de los argumentos que proceden del nombre del programa se mariscal a un

La aplicación clásica de sectores: se puede aplicar una expresión de sector para recuperar todos los objetos excepto los primeros de un gráfico. El, sys.argv[1:] recupera el gráfico deseado, ['a', '-b', '-c']. A partir de eso, las personas pueden operar el gráfico sin tener que mantener la identidad del programa en la vanguardia.

Los sectores también se aplican comúnmente para desplazar las líneas estudiadas a partir de los archivos de entrada. Si una persona tiene la información de que una línea obtendrá una naturaleza de fin de línea al final como un marcador de línea nueva, puede terminarla con una expresión como la línea[:1], que extirpan todas las estructuras excepto las finales de la línea para dar la impresión de que la más baja límite predeterminado a 0.

Después de haber discutido anteriormente en este capítulo que, llamar al modelo line.rstrip es comúnmente preferible para saquear caracteres de nueva línea ya que llama a salir de la línea juntos si no obtiene ninguna naturaleza de nueva línea al final. Un caso a menudo para el caso de documento generado con algunas herramientas de edición de scripts. Es cortar que funciona si una persona es asertiva que la línea terminó.

Herramientas de conversión de cadenas

Uno de los lemas del motivo de Python es que rechaza la estimación de la suposición. Rechaza la tentación de adivinar. Por ejemplo, una persona anexa un dígito y una cadena conjuntamente en Python, incluso en la situación en la que un número aparece por igual:

Python 3.X

>> **"42" + 1**

TypeFallacy: No se puede convertir el elemento 'int' en str implícitamente

Python 2.X

>> **"42" + 1**

TypeFallacy: no se puede concatenar el elemento 'str' e 'int'

Esto es por el patrón: ya que + puede implicar que tanto la adición como la concatenación son ambas opciones de cambio que a veces pueden ser ambiguas. Como alternativa, Python toma esto como una falacia /error. En Python, la magia se deja fuera comúnmente si hace que los escritores trabajen más complejo. ¿Qué debe hacer una persona si su texto tiene un dígito como script de un caso de documento o interfaz de usuario? La estratagema que una persona puede necesitar usar es que puede involucrar equipo de conversión antes de que puedan curar una cadena como una numérica, o viceversa. Por ejemplo:

>> **int("42"), str(42)** - Cambiar de/a cadena

(42, '42')

>> **repr(42)** - Cambiar a cadena de código

'42'

El rol int cambia una cadena a un dígito y el rol str cambia un dígito a su representación de cadena, lo que implica esencialmente cómo se ve después de que se imprime. El rol convierte un elemento su representación de cadena, pero mantiene el elemento como una cadena de código que puede volver a ejecutar y volver a generar el elemento. El resultado en cadenas tiene comillas que lo rodean si se exhibe con una instrucción print, que se diferencia en la estructura entre las líneas de Python:

>> **print(str('spam'), repr('spam'))** - 2.X: print str('spam'), repr('spam')

spam 'spam'

Cadenas

>> **str('spam'), repr('spam')** - Exposición de eco comunicativo sin procesar

('spam', "spam'")

Para obtener más información sobre este tema, puede ir a la barra lateral del capítulo 5 de este libro para ver el patrón de visualización str y repr que se encuentra en la página 144. Las estrategias de conversión int y str son las estrategias de conversión de dígitos a dígitos o en cadena. Para eso, una persona no puede juntar cadenas y formularios numéricos alrededor de procesadores como +, puede cambiar físicamente los operandos antes de ese proceso si se requieren:

>> S - "42"

>> I 1

>> S + I

TypeFallacy: No se puede cambiar el elemento 'int' a str implícitamente

>> int(S) + I - Adición coerced

43

>>> S + str(I) - Concatenación coaccionada

'421'

Los mismos roles integrados se encargan de los cambios numéricos de punto flotante a y desde cadenas:

>> str(3.1415), float("1.5")

('3.1415', 1.5)

>> **texto á "1.234E-10"**

>> **float(texto)** - Ilustrar más números antes de 2.7 y 3.1

1.234e-10

Más adelante en este capítulo, exploraremos más a fondo el papel eval incorporado; que ejecuta una cadena que tiene código de instrucción de Python que puede cambiar una cadena a cualquier forma de elemento. Los propósitos int y levitar cambian sólo a dígitos; como resultado, esta restricción implica que siempre son más rápidos y seguros, ya que no dan la bienvenida al código de expresión arbitrario. La expresión de secuenciación de cadenas también ofrece significa cambiar los dígitos a cadenas.

Carácter Coda Conversaciones

Es posible cambiar una naturaleza a su código entero cardinal en el tema de las conversiones, por ejemplo, su valor de byte ASCII procesándolo al rol ord integrado. su ayuda en la recuperación del valor binario común aplicado para representar la naturaleza similar en la memoria. El rol ejecuta el proceso inverso, tomando un código entero y cambiándolo al carácter correlacionado:

>> **ord('s')**

114

>> **chr(114)**

's'

Técnicamente, tanto los formularios ord como chr cambian los caracteres hacia y desde sus ordinales Unicode o puntos de código, que sirven como su dígito de identificación en el par de caracteres basales. Para el script ASCII que está familiarizado con un entero de 7 bits que se utiliza en un byte en la memoria, pero el intervalo de código dirige para otros tipos de script Unicode que pueden ser más amplios. Más información sobre los pares de caracteres y Unicode se discute al final de este libro. Un individuo también puede aplicar un bucle para usar los roles a todos los caracteres de una cadena necesaria. Estos tipos de equipos se pueden aplicar para ejecutar una forma de matemáticas basadas en cadenas. Para que una persona pase al tema del procedimiento, por ejemplo, tendrá que cambiar y hacer las matemáticas en entero:

>> S - '5'

>> S á chr(ord(S) + 1)

>> S

'6'

>> S á chr(ord(S) + 1)

>> S

'7'

Al menos para cadenas de un carácter, esto ofrece una alternativa a utilizar el rol int integrado al cambiar de cadena a entero (aunque esto solo tiene sentido en los conjuntos de caracteres que ordenan los elementos como espera el código!):

>>> **int('5')**

5

>>> **ord('5') - ord('0')**

5

Conversiones como las explicadas anteriormente se pueden aplicar cuando junto con las instrucciones de bucle, que se inició en el capítulo 4 de este libro y se exploró en detalle la siguiente sección del mismo libro, para cambiar una cadena de números binarios a su valor entero correlación. Cada vez que el bucle multiplica el valor actual agrega por 2 al valor entero del dígito:

>> **B - '1101'** - Cambia el número binario a entero con ord

>> **I - 0**

>> **mientras que B !"**

... **I i * 2 + (Palabra (B [0])-palabra (' 0 '))**

... **B á B[1:]**

...

>> **I**

13

Un proceso de desplazamiento a la izquierda ilustra como I << 1 tendría un impacto similar a multiplicarlo por 2. Sin embargo, dejaremos esta conversión como ejercicio comentado, ya que aún no hemos discutido bucles en profundidad y también desde los int y bin incorporados discutidos en el capítulo 5 realiza actividades de cambio binario para personas a partir de Python 2.6 y 3.0:

>> **int('1101', 2)** - Cambiar binario a entero: incorporado

13

>> **bin(13)** - Cambiar entero a binario: incorporado

'0b1101'

Cambio de cuerdas I

Al explorar este tema, es necesario recordar el término secuencia inmutable que se discute al principio de este capítulo. El término inmutable se refiere a la parte de lo que no se puede cambiar. Por ejemplo, no puede convertir una cadena al distribuirla en un índice:

>> **S - 'spam'**

>> **S[0]** - **'x'** - *¡Provoca una falacia!*

TypeFallacy: el objeto 'str' no incluye la asignación de artículos de ayuda

La pregunta que necesitamos hacernos debe ser acerca de cómo cuna modificación de datos de scripten Python. Para convertir una cadena, generalmente se supone que una persona debe construir y asignar una nueva cadena usando tipos de equipo como concatenación y corte, y luego, si es necesario, puede asignar el resultado de nuevo al nombre de la cadena:

>> S - S + 'SPAM!' - Para convertir una cadena, haga una nueva

>> S

'spamSPAM!'

S-S[:4] - 'Murger' - S[-1]

>> S

'SpamMurger!

El primer ejemplo mostrado anteriormente anexa una subcadena en el extremo de S; lo hace por concatenación. Introduce una cadena contemporánea y la asigna de nuevo a S, pero un individuo puede reflexionar sobre esta acción como convertir la cadena inicial. La segunda instancia restaura cuatro naturalezas con seis mediante la indexación, la segmentación y la concatenación. En el siguiente segmento, una persona puede adquirir impactos similares con llamadas de modelo string como restore:

```
>> S - 'splot'
>> S - S.restore('pl', 'pamal')
>> S
'spamalot'
```

los modelos de cadena crean una nueva herramienta de cadena. Si a una persona le puede desear mantener esos artículos, puede asignarlos a identidades variables. Crear una nueva herramienta de cuerda para cada cadena puede encubrir las herramientas, pero puede no ser eficiente como sonaría. Es posible que debamos recordar como en el capítulo siguiente que Python recupera robóticamente el espacio de las antiguas herramientas de cadena no utilizadas a medida que un individuo procede, en ese caso las herramientas más nuevas son reutilizadas por el espacio ocupado por el valor anterior. Python siempre está bien ordenado como la gente puede esperar.

Es muy posible al final generar nuevos valores de script que tienen expresiones de formato de cadena. Ambas ilustraciones de procedimiento sustituyen los elementos en una cadena, en el sentido de cambiar los elementos a cadenas y convertir la cadena original de acuerdo con una especificación de secuencia por ella:

>>> '¡Eso es %d %s animal!' % (1, 'muerto') ¡Es 1 animal muerto!>>> '¡Eso es '¡Eso es '¡Eso es '¡Eso es '¡'"'1'animal!'. secuencia(1, 'muerto') '¡Eso es 1 animal muerto!'	*• Expresión de formato: todos los Python*
• Modelo de formato en 2.6, 2.7, 3.X	

Independientemente del reemplazo de la metáfora, sin embargo, el resultado del formato es un nuevo elemento de cadena y no uno alterado. Exploraremos el formato en detalles, ya que llegaremos a saber que el formato transcurre para ser más frecuente y práctico que este ejemplo explorar. Dado que la segunda de las siguientes llamadas se propone como un modelo, sin embargo, nos permiten tener acceso a un identificador en las llamadas de modelo de cadena antes de estudiar el formato.

Unas elaborada en todo el libro, Python 2.6 y 3.0 inicia una nueva forma de cadena denominada matriz de bytes, que puede convertir en su región y, por lo tanto, considerada como mutable. Las herramientas de matriz de bytes no son cadenas con scripts; se conocen como un patrón de pequeños enteros de 8 bits. Sin embargo, ayudan al proceso más similar a las cadenas estándar y las impresiones como la naturaleza ASCII en el momento en que se exhiben. En consecuencia, ofrecen otra alternativa para un número extendido del script fácil de 8 bits que es obligatorio cambiar a menudo haciendo esta forma más vibrante de Unicode script implica estrategias distintas.

Capítulo 10

Métodos de cadena

Además del procesador de expresiones, las cadenas ofrecen un par de modelos que ejecutan actividades de operación de texto más complejas. En Python, la aserción y los roles integrados pueden tener un trabajo en un intervalo de tipos, pero los modelos suelen ser precisos para los modelos de cadena de formularios de elementos, por ejemplo, el trabajo solo en herramientas de cadena. Los conjuntos de modelos de algunas formas se intersecan en Python 3.X , por ejemplo, la mayoría de los categorizados duplican y cuentan modelos, pero siguen siendo más precisos que otros elementos.

Sintaxis de llamada de método

Según los modelos iniciados anteriormente, los modelos son roles fáciles que se atribuyen para actuar sobre herramientas específicas. Técnicamente, están asociados y asociados a herramientas que tienden a mencionar tareas exigibles que normalmente contienen un tema usado. En detalles bien explorados, las funciones son colecciones de código y modelos que requieren dos procesos combinados a la vez. Un atributo recopila una llamada: recupera una expresión del tipo de objeto. En términos simples, las características se refieren a traer el valor de asociado en los artículos. Expresión de llamada, por otro lado, hace referencia a la interpretación del tipo de función, lo que significa que la función invocaría el código, pasando cero o la mayoría de los objetos aislados por comas al valor final de la función. La unión de estos dos nos permite llamar a un modelo de un artículo, la llamada modelo s la expresión: *itemt . modelo* (*argumentos*). Esta operación se mide de izquierda a derecha, donde Python recopilará originalmente el elemento y luego lo llamará, y luego pasará a través de elementos y argumentos. En otras palabras, podemos decir que el modelo llamará al modelo de llamada de expresión para operar elementos con argumentos. Si el modelo calcula un resultado, también se devolvería como resultado de toda la aserción de llamada de modelo. Por ejemplo:

>> **S - 'spam'**

>> **resultado - S.find('pa')** - Llame al modelo de *búsqueda para que aparezca para 'pa' en* la cadena S

La asignación ilustrada anteriormente toma modelos precisos de formularios integrados y clases de multas por el usuario. Como descubriremos a través de este capítulo, la mayoría de los elementos contienen modelos invocables y se accede a todos ellos mediante una sintaxis de llamada de modelo similar.

Llamar a un modelo de artículo como se detalló más adelante en el capítulo tendrá una persona tomada a través del artículo disponible; modelos aquí que cannot operan sin un sujeto.

Métodos de cuerdas

La siguiente Tabla 7-2 resume los modelos y la secuencia de llamadas para los objetos de cadena integrados en Python 3.3; que convierten más a menudo, una persona necesita ser decidida comprobar la guía de la biblioteca regular de Python para más listas actuales, u operar un dir o llamada de soporte en cadena aleatoria interactivamente. Modelos de cadena de Python 2.X differ ligeramente; incorpora una de programación, que maneja información Unicode diferente. En la tabla de procedimiento, S es un elemento/objeto de cadena y los argumentos abiertos se termina entre corchetes. Los modelos de cadena de la tabla ejecutan procesos de nivel superior como bucle y corrección, conversiones de mayúsculas y minúsculas, examen de ámbito y encuestas y sustituciones de subcadenas.

Cuadro 7-3. Llamadas de modelo de cadena en Python 3.3

Modelos	Cómo son la presentación
S.capitalize()	S.ljust(ancho [, relleno])
S.casefold()	S.lower()
S.center(ancho [, relleno])	S.lower()
S.count(sub [, start [,	S.maketrans (x[, y[, z]]

end]])	
S.encode([programación [,errores]])	S.partition(sep)
S.endswith(suffix [, start [, end]])	S.replace(antiguo, nuevo [, recuento])
S.expandtabs([tabsize])	S.rfind(sub [,start [,end]])
S.find(sub [, start [, end]])	S.rindex(sub [, start [, end]])
S.format(fmtstr, *args, **kwargs)	S.rjust(ancho [, relleno])
S.index(sub [, start [, end]])	S.rpartition(sep)
S.isalnum()	S.rsplit([sep[, maxsplit]])
S.isalpha()	S.rstrip([tanques])
S.isdecimal()	S.split([sep [,maxsplit]])
S.isdigit()	S.splitlines([keepends])
S.isidentifier()	S.startswith(prefijo [, start [, end]])
S.islower()	S.strip([tanques])
S.isnumeric()	S.swapcase()
S.isprintable()	S.title()
S.isspace()	S.translate(mapa)
S.istitle()	S.upper()
S.isupper()	S.zfill(ancho)

Ejemplos de modelos de cadena: Conversión de cadenas II

Como hemos discutido anteriormente, nos enteramos de que las cadenas son inmutables; por lo tanto, no pueden ser alterados directamente en su lugar. La matriz de bytes ayuda a que el script in situ se convierta en 2.6, 3.0, solo en ejemplos de tipos de 8 bits. También pudimos explorar los cambios en las cadenas de script; aquí tendremos que echar un segundo vistazo al mismo tema, pero sobre los métodos de cadena. Podemos decir que generalmente, para integrado un nuevo valor de script de la cadena original. Una persona necesita crear una nueva cadena mediante procesos como concatenación y segmentación. Por ejemplo, para sustituir dos estructuras en medio de un string, se pueden aplicar códigos como:

>> **S - 'spammy'**

>> **S - S [:3] + 'xx' + S[5:]** - *Segmentos de corte de S*

>> **S**

'Spaxxy'

Pero, si una persona está solo para sustituir una subcadena, puede aplicar el modelo sustituto de cadena en su lugar:

>> **S - 'spammy'**

>> **S - S.sustitute ('mm', 'xx')** - *Sustituir todo mm con xx en S*

>> **S**

'Spaxxy'

La estrategia de sustitución es más común que los estados de este código. Conserva los argumentos como la subcadena inicial (que puede ser de cualquier longitud) y la cadena (que puede ser de cualquier longitud) para restaurarla y completar la búsqueda y sustitución de un mundo:

>> **'aa\$bb\$cc\$dd'.replament('\$', 'SPAM')**

'aaSPAMbbSPAMccSPAMdd'

Con una función de este tipo, el sustituto puede como equipo para ejecutar la sustitución de plantillas. Nos dimos cuenta de que esta vez, imprimimos rápidamente el resultado, en lugar de asignarlo a la identidad. Una persona tendrá el mandato de asignar un problema a los caracteres solo cuando esa persona desee restaurarlos para su utilización posterior. Si las personas encuentran necesario reemplazar la cadena de tamaño fijo única que puede tener lugar en cualquier desplazamiento, es posible que deban realizar el reemplazo de nuevo o una encuesta para la subcadena que tiene colgado encontrar modelo y sector:

>>**S á 'xxxxSPAMxxxxSPAMxxxx'**

>> **Dónde ? S.find('SPAM')** - *Encuesta para* la posición

>> **Donde** se lleva a *cabo en el desplazamiento 4*

4

>> S - S [: dónde] + 'MANGOS' + S [(where+4):]

>> S

'XxxxMANGOSxxxxSPAMxxxx'

El modelo encontrado restaura el desplazamiento a la posicion donde se produjo la subcadena. su proceso es por defecto, buscando desde el front, o en la situación en la que el número 1 no fue rastreado. Son las expresiones de operación de subcadena que restauran la posición de situación de una subcadena. La otra alternativa implicaría el uso de replace/substitute por un tercer argumento para restringir a un reemplazo:

>> S á 'xxxxSPAMxxxxSPAMxxxx'

>> S.replace ('SPAM', 'MANGOS') - *Reemplazar todos los*

'XxxxMANGOSxxxxMANGOSxxxx'

>> S.replace ('SPAM', 'MANGOS', 1) - *Reemplazar uno*

'XxxxMANGOSxxxxSPAMxxxx'

Llega a nuestro conocimiento que reemplaza restaura un nuevo elemento de cadena cada vez. Dado que las cadenas son inmutables, los modelos nunca convierten realmente las cadenas de asunto en posición. El hecho de que el proceso de concatenación y, a continuación, reemplazar el modelo crea un nuevo elemento de cadena cada vez que operan suele ser una desventaja prospectiva de aplicarlos para convertir cadenas de cadena. Si las personas tienen que usar más cambios en una cadena muy extendida, podrían estar en condiciones de mejorar el rendimiento de su script cambiando la cadena a un elemento que ayuda a los cambios in situ:

>>> S - 'spammy'

>>> L - lista(S)

>>> L

['s', 'p', 'a', 'yo', 'yo', 'y']

El rol de gráfico integrado, una llamada de creación de elementos, construye un nuevo gráfico a partir del objeto en cualquier caso de patrón, explotando así la naturaleza de una cadena en un gráfico. Una vez que la cadena adquiere el formulario; las personas pueden construir muchos cambios en él sin crear un nuevo duplicado para cada cambio:

>> L[3] á 'x' - *Funciona para gráficos, no para cadenas*

>> L[4] á 'x'

>> L

['s', 'p', 'a', 'x', 'x', 'y']

Si, después de que una persona ha cambiado, necesita cambiar los archivos escritos de nuevo a una cadena y aplicar la cadena implosionada modelo encubierto esos archivos de nuevo a una cadena.

>> S á ''.join(L)

>> S

'spaxxy'

El modelo de unión puede parecer un poco sofisticado a primera vista, ya que es un modelo de cadenas que llaman a través del delimitador deseado. A medida que se une ejerce las cadenas en una lista con el delimitador entre el objeto de lista; en este caso, aplica un delimitador de cadena desnuda para cambiar de una lista a una cadena. Más comúnmente, delimitador y alterable de las cadenas realizará:

>>> **'SPAM'.join(['carne', 'chips', 'ham', 'toast'])**

'meatSPAMsausageSPAMhamSPAMtoast'

Las subcadenas fijas al mismo tiempo, muchas ocasionalmente operan rápidamente que concatenarlas personalmente. Una persona debe ser asertiva para ver la nota anterior con respecto a la cadena de matriz de bytes presente a partir de Python 3.0a nd 2.6, ya que esto puede convertir en su posición; esto ofrece una opción para unirse a una combinación de alguna forma del script de 8 bits que es obligatorio para cambiar más a menudo.

Ejemplos de modelos de cadena: Análisis de texto

Otro rol general para el modelo de cadena es un tipo fácil de análisis de texto, que es interpretar caracteres y extraer subcadenas. Para eliminar subcadenas en desplazamientos incrustados, una persona puede implicar cortar la estrategia:

>> **línea á 'aaa bbb ccc'**

>> **col1 - línea[0:3]**

>> **col3 línea[8:]**

>> **col1**

'aaa'

>> **col3**

'ccc'

En este punto, las columnas de información se ven en los desplazamientos seleccionados y se pueden cortar fuera de la primera cadena. Esta estrategia pasa para el análisis, siempre que los elementos de la información de una persona tengan posiciones fijas. Si en su lugar algún tipo de delimitador aísla la información, una persona puede extraer sus elementos mediante bucle. Este método puede funcionar bien incluso si la información ilustrada en el lugar arbitrarios dentro de la cadena:

>> **línea á 'aaa bbb ccc'**

```
>> cols á line.loop()

>> cols

['aaa', 'bbb', 'ccc']
```

El modelo de división de cadena corta una cadena en una lista de subcadenas, en el entorno de una cadena delimitadora. No escapamos a un delimitador en el ejemplo anterior; puede por defecto en el espacio en blanco la cadena en los grupos de incisión de una o la mayoría de las pestañas, espacios y líneas nuevas, y como las personas, podemos llegar a la lista de la subcadena de resultado. En otros usos, la mayoría de los delimitadores táctiles pueden aislar el mensaje. En este ejemplo se corta la cadena en comas, comas independientes, ya que algunos equipos de base de datos devuelven el mensaje.

```
>> línea á 'dob,hacker,40'

>> line.split(',')

['dob', 'hacker', '40']
```

Los delimitadores también pueden extenderse a un carácter:

```
>> línea " i'mSPAMaSPAMlumberlack"

>> line.split("SPAM")

["i'm", 'a', 'lumberlack']
```

A pesar de los desafíos a la capacidad de análisis de corte, ambos operan a velocidad alta y pueden realizar tareas principales de extracción de scripts. El mensaje de script de aislamiento de coma como una sección del patrón de archivo CSV; para tipos más avanzados de equipos en este frente, podemos experimentar el module CSV en la biblioteca estándar de Python.

Otros métodos comunes de cadena en acción

Otros modelos de cadena contienen funciones más determinadas, por ejemplo, para deshacerse del espacio en blanco al final de una línea del script, se supone que una persona debe realizar conversiones de mayúsculas y minúsculas, examinar el ámbito y medir una subcadena al final o al frente:

>> línea " ¡Los reyes que dicen Ni!"

>> line.rstrip()

"Los reyes que dicen Ni!"

>> line.upper()

'¡LOS REYES QUE DICEN NI!

>> line.isalpha()

Falso

>> line.endswith('Ni! ?n')

Verdad

>> line.startswith('The')

Otros métodos opcionales a veces pueden aplicarse o una persona para lograr el mismo resultado que en los modelos de cadena. El procesador de pertenencia también se puede utilizar para examinar la existencia de una subcadena. Por ejemplo, las operaciones de corte de longitud se pueden aplicar para imitar los extremos con:

>> línea

'¡El rey que dice Ni!

>> line.find('Ni') !-1 - Buscar a través de la llamada o expresión del modelo

Verdad

>> 'Ni' en la línea

Verdad

>> sub á 'Ni!

>> line.endswith(sub) - Fin de la prueba a través de la llamada del modelo o el sector

>> línea[-len(sub):] sub

Verdad

La estrategia de formato de cadena descrita proporciona herramientas de reemplazo más completas que suman más operaciones en un solo paso. Puesto que hay varios métodos presentes para las cadenas, no discutiremos todas las estrategias aquí, pero más adelante en este mismo libro, cubriremos algunos. Para más de estos estudios sobre los modelos, usted tendrá que descubrir algunos de estos métodos por sí mismo. También puede echar un vistazo al resultado de ayuda (S.method) para los modelos de cualquier objeto de herramientas de cadena S para obtener más sugerencias sobre este tema, puede consultar el capítulo 4 de aprendizaje de Python, donde operar en str.method nos ayuda atraer más detalles sobre el tema.

Es mejor recordar que ninguna estrategia de cadena única acepta secuencia para la operación de texto basada en secuencia, es obligatorio que utilice el módulo de biblioteca estándar de Python, una herramienta más completa que como inicialmente se menciono en este libro. Debido a los desafíos, sin embargo, los modelos de cuerda encuentran a veces hace que el proceso sea más rápido que el equipo del módulo.

Roles del módulo Original String (Gone in 3.X)

La historia de los modelos de cuerda de Python es, hasta cierto punto, barroca. Sostuvo que durante la primera década de su ser, Python ofreció un módulo de biblioteca acostumbrado se refería a nosotros cadena que tenía roles que en longitud reflejaban el par contemporáneo de estrategias de elementos de cadena. Por llamada típica, en Python 2.0 demostrar que estos roles se hicieron accesibles como los modelos de objetos de cadena. Dado el hecho de que la mayoría de la gente había registrado tanto código que dependía del primer módulo de cadena, sin embargo, se mantuvo en compatibilidad inversa.

En los días actuales, una persona debe aplicar solo modelos de cadena, no el primer módulo de cadena. El módulo original exige que los tipos de modelos de cadena actuales se hayan separado de Python 3.X, por lo que las personas no deben utilizarlos en el nuevo sistema de programación en códigos Python 2.X o 3.X. Sin embargo, dado que una persona todavía puede percibir el módulo en uso en forma del código de Python 2.X anterior, y este script implica Python s 2.X y 3.X, un resumen de la versión anterior de Python.

La secuela de este derecho de nacimiento es que en Python 2.X, el tecnicismo todavía tiene dos medios para invocar procesos de cadena modernizados: llamando a estrategias de elemento, o llamando a roles de módulo de cadena y fluyendo en el elemento como argumentos. Por ejemplo, provisto de una variable X asignada a un elemento de cadena, llamar a un método de elemento: X.model (argumentos) suele ser igual a llamar al proceso similar a través del módulo de cadena ya que un individuo puede haber importado ya el módulo:

string.model(X, argumentos)

A continuación se muestra un ejemplo del esquema de modelo en curso:

>> S á 'a+b+c+'

```
>> x á S.replace('+', 'spam')
```

```
>>> x
```

```
'aspambspamcspam'
```

Para acceder al proceso similar a través del módulo de cadena en Python 2. X, una persona entonces puede requerir importar el módulo una vez en su operación y pasar en el artículo:

```
>> cadena de importación
```

```
>> y á string.replace(S, '+', 'spam')
```

```
>> y
```

```
'aspambspamcspam'
```

Dado que el modelo de módulo era normal durante un tiempo prolongado y dado el hecho de que las cadenas siguen siendo un elemento fundamental de la mayoría de los programas, una persona podría percibir ambas secuencias de llamadas en el código de Python 2.X que pueda encontrar.

Además, sin embargo, en los días actuales, una persona siempre debe aplicar nuevas llamadas de modelo para reemplazar las llamadas de módulo más antiguas. Hay lógica de sonido detrás de esto, para una sola cosa que el plan de llamadas módulo necesita una persona para enviar el módulo de cadena (los modelos no requieren importaciones). Otra lógica es que el módulo hace llamadas, algunos caracteres son más largos de escribir, que cuando una persona carga el módulo con importación que no estaba usando desde hace que el trabajo sea tedioso. Y, por último, el módulo funciona más lento que el modelo (el módulo puede mapear la mayoría de las llamadas a los modelos y así implicar una nueva llamada en el camino.

El primer módulo de cadena sin modelo de cadena es igual, se mantiene en Python 3.X ya que tiene piezas adicionales de equipo que incorporan valores predeterminados de cadena que permanecen como string.digits y un enfoque de elemento de plantilla que es un formato relativamente dudoso. El objeto que precede al modelo de enfoque de cadena y se descuida principalmente en este tema de discusión (para obtener más detalles, en este tema se puede leer la breve nota relacionada con este argumento con otros tipos de herramientas de formato en la guía de la biblioteca de Python). A menos que se supone que una persona debe cambiar su código 2.X para usar 3.X, sin embargo, debe contemplar cualquier proceso de cadena principal.

Expresiones de formato de cadena

Aunque una persona puede hacerse pasar por muchos cosas con los modelos de cadena y los procesos de secuencia, Python también puede ofrecer medios más modernizados para combinar actividades de operación de cadena para permitir que el formato realice muchos reemplazos específicos de tipo realizados en un cadena en un solo paso. Nunca es estrictamente necesario, pero puede ser apropiado al formatear el script para ser exhibido a los usuarios de un programa. Debido al enriquecimiento de nuevos pensamientos en el mundo Python, el formato de cadena se puede presentar en dos formas en Python en los días actuales:

Expresiones de formato de cadena: '...%s...' % (valores): la primera estrategia disponible porque el inicio de Python en esta forma se basa en el método "printf" del lenguaje C y ve la aplicación generalizada en mucho código disponible. Llamadas al modelo de formato de cadena: '... -...'.format(values): una estrategia más reciente anexa en Python 2.6 y 3.0, esta estructura se deriva en la sección de un objeto identificado de forma similar en C.NET.

Hay alguna oportunidad de que uno de los dos métodos ilustrados anteriormente pueda ser deplorado y desalojado con el tiempo ya que el del modelo es más nuevo.

Cuando 3.0 fue improvisado en 2008, la afirmación parecía muy probable que aborreciera en los próximos modelos de Python que se introducirían. De hecho, el llenado de 3.0 amenazó con la deploración en 3.1 y su despido después de eso. Esto no ha tenido lugar a partir de 2013 3.3, y ahora parece poco probable que dé su expresión de su aplicación completa, todavía parece que incluso en la biblioteca personalizada de Python miles de veces hoy en día todavía dependen de la acción futura de los usuarios de Python.

Por otro lado, dado que tanto el modelo como la expresión válida para usar hoy en día y cualquiera de los dos puede aparecer en el código que una persona encontrará, este libro implica ambos métodos explicados en su totalidad. Como lo haremos, los dos son en general las variaciones en un tema, aunque el modelo tiene algunas características adicionales, y la aserción es comúnmente más concisa y aparece el segundo carácter para la mayoría de los programadores de Python.

Este libro aplica ambas estrategias en muestras posteriores por razones ilustrativas. Si su autor tiene un sesgo, lo restaurará ampliamente agrupado, excluyendo la cita de la importación de Python en este lema:

Debería haber una forma de patentarlo.

A menos que la estrategia de formato de cadena actual sea atractiva mejor que la primera expresión ampliamente aplicada, está multiplicando las demandas base de epistemología de los programadores de Python en este dominio parece ser injustificada y poco pythonica, según la primera y significado bien establecido de ese término. Los programadores de Python no deben aprender dos objetos complejos principalmente si se intersecan. Una persona tiene que medir por sí misma si las ventajas de formato añadidas al lenguaje sirven a un beneficio de audiencia imparcial.

Fundamentos de la expresión de formato

Dado que las aserciones de formato de cadena son el original de esta división, comenzaremos este tema con ellas. Python examina el procesador binario % para el trabajo en cadenas. Cuando se utiliza para cadenas, el operador % ofrece una media natural para dar formato a los valores como cadenas con respecto a la definición de formato. En resumen, el procesador % proporciona una forma densa de codificar muchos reemplazos de cadena al mismo tiempo, en lugar de construir y concatenar secciones individualmente. Para dar formato a cadenas:

- A la izquierda del operador %, ofrece una cadena de formato con uno o más objetivos de conversión fijos, cada uno de los cuales comienza con un % (por ejemplo, %d).

- En el lado derecho del procesador %, ofrezca el elemento (o elemento, implantado en una tupla) que una persona puede necesitar Python para empujar en la cadena de formato en el lado izquierdo en la región del objetivo de conversión/s inicialmente. Por ejemplo, en el ejemplo de formato se pudo observar anteriormente en el capítulo que el entero 1 sustituye el % en la cadena de formato en el lado izquierdo, y la cadena 'fallecido' sustituye al %s. A continuación, el resultado se presenta como una nueva cadena que refleja estos dos reemplazos, que pueden estar en otros roles impresos o guardados para otros usos. 'That is %d %pigeon!' % (1, 'fallecido') - Expresión   de formato y 1 es paloma fallecida!

Con referencia a la técnica exhibida, la aserción de formato de cadena a menudo no es obligatoria. Una persona puede realizar más a menudo el mismo trabajo con muchas conversiones y concatenaciones. Sin embargo, el formato permite a los individuos para armar varios pasos en un solo proceso. Es lo suficientemente robusto como para licenciar algunas muestras más:

Exclamación - 'Ni'

'Los reyes que dicen %s!' % exalaclamación - Reemplazo de cuerdas

Los reyes que dicen Ni!

>> '%d %s %g you' % (1, 'spam', 4.0) - Sustitución de tipo en realidad

>> '%s -- %s -- %s' % (42, 3.14159, [1, 2, 3]) - Todos los tipos coinciden con un objetivo %s

'42 -- 3.14159 -- [1, 2, 3]'

El primer ejemplo aquí escupe la cadena 'Ni' en la región/destino deseado en el lado izquierdo, sustituyendo el marcador %s. En el segundo ejemplo, se introducen tres valores en la cadena de destino. Una persona lo puede necesitar cuando está insertando más de un valor, se le requiere agrupar los valores a la derecha entre corchetes, por ejemplo, ponerlos en una tupla. El procesador de aserción de formato % requiere un objeto o una tupla de uno o más objetoss en su lado derecho.

El tercer ejemplo inserta tres valores, un entero que hace referencia a nosotros un elemento de punto flotante y un elemento de lista (pero una persona debe notar que todos los destinos de la izquierda son %s que representa la conversión a cadena). Como cada categoría de un elemento se puede cambiar a una cadena utilizada al imprimir, cada una de las áreas de categoría de elemento se utiliza con el código de conversión %s. Puesto que esto, a menos que una persona estaría realizando algún formato único, %s es normalmente el único código que una persona requiere para recordar para la expresión de formato.

Además de lo que se ha discutido, tenemos que tener en cuenta que el formato suele hacer una nueva cadena, en lugar de convertir la cadena en el lado izquierdo; ya que las cuerdas son inmutables, es obligatorio que se presente de esta manera. Como antes, asigne el resultado a una identidad variable si se requiere que una persona lo mantenga.

Sintaxis de expresión de formato avanzado

Para un formato más moderno/avanzado específico de tipo, una persona puede aplicar cualquiera de los códigos de categoría de conversión que se indican en el Cuadro 7-4 en la aserción/expresiones de formato; se presentan después del carácter % en los objetivos de sustitución. Los programadores de C reconocerán muchos de estos ya que el formato de cadena de Python ayuda a todos los códigos de formato printf comunes, pero recupera el resultado, en lugar de mostrarlo, como printf. Pocos de los códigos de formato de la tabla 7-4 ofrecen medios adicionales para dar formato al tipo similar; por ejemplo, %e, %f y %g ofrecen medios alternativos para dar formato a los dígitos de punto flotante.

Cuadro 7-4. códigos de categoría de formato de cadena

Códigos	Implicación de los códigos
S	Cadena (o cadena str(X) de cualquier elemento)
R	Similar como s, pero aplica repr, no str
C	Carácter (int o str)
D	Decimal (número entero base-10)
I	Entero
U	Similar como d (obsoleto: ya no sin signo)
el	Entero octal (base 8)
X	Entero hexadecimal (base 16)
X	Similar a x, que contiene letras mayúsculas

e	Exponente de punto flotante con letras pequeñas
e	Similar a e, pero utiliza letras mayúsculas
F	Decimal de punto flotante
F	Similar a f, pero aplica las letras mayúsculas
G	Punto flotante e o f
G	Punto flotante E o F
%	% literal (codificado como %%)

La conversión tiene como objetivo la cadena de formato en el lado izquierdo de la aserción ayudar a varios procesos de conversión con una sintaxis bastante compleja por sí mismo. La forma general de conversión aparece de la siguiente manera: %[(keyname)][flags][width][.precision]typecode.

Las naturalezas de código de categoría en la primera columna de la Tabla 7-4 ilustran la final del formato de esta cadena de destino. Entre el % y la estructura de código de categoría, una persona puede realizar cualquiera de los procedimientos:

✓ un nombre de identidad básico para indexar el diccionario aplicado el lado derecho de la aserción

✓ Indicadores de catálogo que citan objetos como justificación izquierda (o), signo de número (+), un espacio en blanco antes del dígito positivo y a – para negativos (un espacio) y cero rellenos (0).

✓ Proporcione una suma de ancho de campo mínimo para el script reemplazado.

✓ Pcordón el dígito del número (precisión) para exhibir después de un punto decimal para el número de punto flotante

Las secciones de precisión y anchura se pueden codificar como un * para ilustrar que deben extraer sus valores del siguiente objeto en los valores de entrada en el lado derecho de la aserción, lo que resulta útil cuando esto no se conoce hasta el tiempo de ejecución. Si una persona no requiere ninguno de los elementos adicionales, un simple %s en la cadena de formato se sustituiría por la cadena de impresión predeterminada del valor de correlación, a pesar de su forma. Ejemplos de aserción de formato más detallados, ilustra el formato de la sintaxis de destino se rellena en su totalidad en la guía estándar de Python y scripts de referencia, pero para profundizar en el uso común, tendremos que tomar algunos ejemplos. Estos formato de enteros de forma predeterminada, y procede en un área de seis naturalezas con justificación izquierda y relleno cero:

x a 1234

res á 'integers: ...%d...%-6d...%06d' % (x, x, x)

'enteros: ... 1234...1234 ... 001234'

Los formatos %e, %f y %g representan dígitos de punto flotante en distintos medios, ya que la interacción del procedimiento muestra que %E es similar a %e pero el exponente es letras mayúsculas, y g selecciona formatos por ámbito de dígito (se define formalmente para aplicar el formato exponencial e si el exponente es < 4 o no < precisión, y formato decimal en caso contrario, con una precisión de números de suma predeterminada de 6):

>> x á 1.23456789

>> x - Muestra más números antes de 2.7 y 3.1

1.23456789

>>'%e ? %f ? %g' % (x, x, x)

'1.234568e-00 1.234568 1.23457'

>> '%E' % x

'1.234568E-00'

Para los dígitos de punto flotante, una persona puede alcanzar una multiple de impactos de formato alternativos identificando la justificación izquierda, el relleno cero, los signos numéricos, el ancho del área de suma y los números después del punto decimal. Para actividades más fáciles, una persona puede acceder fácilmente a cadenas con una aserción de formato %s o la función str integrada ilustrada anteriormente en este capítulo:

>> '%-6.2f ? %05.2f ? %+06,1f% (x, x, x)

'1.23 ? 01.23 ? +001.2'

>> '%s' % x, str(x)

('1.23456789', '1.23456789')

Cuando los tamaños no se reconocen hasta el tiempo de ejecución, una persona puede optar por utilizar un ancho calculado y precisión identificándolos con un * en la cadena de formato para alimentar sus valores que se adquirirán del siguiente objeto en las entradas del lado derecho del procesador % y la tupla de 4 aquí otorga precisión:

>> '%f, %.2f, %.*f' % (1/3.0, 1/3.0, 4, 1/3.0)

'0.333333, 0.33, 0.3333

Por lo tanto, si una persona puede estar interesada en esta característica, puede experimentar con algunas de estas muestras y procesos por su cuenta para obtener más información.

Expresiones de formato basadas en diccionarios

Aun más avanzado el formato de cadenas también permite a los destinos de conversión de la izquierda hacer referencia a las claves en un diccionario codificado en el lado derecho y recopilar los valores correlacionados. Esto libera nuevas formas de aplicar formato como una especie de herramienta de plantilla.

>> '%(qty)d more %(water)s' % 'qty': 1, 'food': 'spam"

'1 spam más'

En estecaso, el (qty) y (aguas) en la cadena de formato en el lado izquierdo hacen referencia a las claves en el literal del diccionario en el lado derecho y recoger sus valores relacionados. Los programas que crean scripts como HTML o XML a menudo aplican esta estrategia. Una persona puede construir un diccionario de valores y reemplazarlos todos a la vez con una aserción de formato que aplique referencias basadas en claves (tenga en cuenta que el primer comentario está por encima de la comilla triple, por lo que no se agrega a la cadena, y estoy escribiendo esto en IDLE sin un "..." solicitud de líneas de continuación):

>>> Responder a """

Saludos...

Hola %(nombre)s!

Tu edad es %(edad)s

"""

>> valores á 'nombre': 'Bob', 'edad': 40o - construir valores para reemplazar

>> print(valores de % de respuesta) - Realizar reemplazo

Saludos...

Hola Nelson!

Tu edad es de 20 años

Esta tríada también se aplica junto con la función integrada vars, que recupera un diccionario que tiene todas las variables que se presentan en el lugar al que se llama:

>>agua á 'spam'

>>> qty á 10

>>> vars()

'agua': 'spam', 'qty': 10, ... además de los nombres incorporados establecidos por Python...

Cuando se aplica en el lado derecho de un proceso deforma tting, esto permite que la cadena de formato haga referencia a variables por su nombre como claves de diccionario:

>> '%(qty)d more %(water)s' % vars() - Las variables son claves en vars()

'10 spam más'

El tema de los diccionarios se tratará más en el capítulo 8 de este libro. Consulte también el capítulo 5 para ver las muestras que cambian a cadenas de dígitos hexadecimales y octales con %x y %o formateando códigos de destino de aserción. En los temas siguientes se tratarán varios ejemplos de aserción de formato como comparaciones con los modelos de formato.

Llamadas a métodos de formato

Como se describió anteriormente, Python 2.6 y 3.0 iniciaron una forma contemporánea de formatear cadenas que algunos individuos perciben como un poco más peculiares de Python. A diferencia de la aserción de formato, las llamadas de estrategia de formato no se estructuran de forma diferente en el método "printf" del lenguaje C y a menudo son más contundentes en el destino. La estrategia actual todavía depende de la idea básica de "printf", como los códigos de formulario y las especificaciones de formato. Además, se superpone ampliamente y a veces necesita un poco más de código que las aserciones de formato, y en ensayo puede explícitar una acción compleja en muchas funciones. No habría bien servido por una interpretación superficial hacia los esquemas. Por suerte, los dos conceptos son los mismos que pueden superponerse los elementos.

Conceptos básicos del método de formato

El modelo de formato del elemento de cadena, presente en Python 2.6, 2.7 y 3.X, está estructurado en la sintaxis de llamada de rol estándar, en lugar de la de una aserción. Más precisamente, utiliza la cadena del tema como una plantilla, y posee cualquier dígito de argumentos que significa valores que se reemplazarán con respecto a la placa tem. Su aplicación necesita epistemología de roles y llamadas, pero se dirige principalmente a la tarea. Dentro de la cadena del tema, las llaves rincizadas encrespadas delegan los objetivos y argumentos de reemplazo que se deben presionar por punto (por ejemplo, 1o) o palabra clave (p. ej., agua) o punto asociativo en 2.7, 3.1 y versiones posteriores (o). Como estudiaremos el argumento pasando en profundidad cuando lleguemos al capítulo 18, los argumentos a roles y modelos se pueden pasar por el punto o la identidad de palabra clave, y la fuerza de Python para capturar arbitrariamente en múltiples argumentos posicionales y de palabras clave permiten para dicha llamada de modelo común Estructuras. Por ejemplo:

```
>> Plantilla á '"0', '1' y '" '" Por el lugar

>> template.format('spam', 'ham','meat')

'spam, jamón y carne'

>> plantilla á "motto', 'pork' y '"" por palabra clave

>> template.format(motto"spam', cerdo"ham', agua 'carne')

'spam, jamón y carne'

>> plantilla á "motto', '"""""""""""""""""""""""""""""""""""""""""""""'

>> template.format('ham', lema"spam', water"carne')

'spam, jamón y carne'
```

>> Plantilla á "," y " 'Por punto asociativo

>> template.format('spam', 'ham', 'meat') - Nuevo en 3.1 y 2.7

'spam, jamón y carne'

En comparación, la expresión de formato de la última sección puede ser un poco más concisa, pero utiliza diccionarios en lugar de argumentos de palabras clave, y no permite tanta flexibilidad para las fuentes de valor, que puede ser un activo o pasivo , dependiendo de su perspectiva ; más sobre cómo las dos técnicas se comparan por delante:

>>> plantilla ' '%s, %s y %s' - Mismo vía expresión

>>> plantilla % ('spam', 'ham', 'eggs')

'spam, jamón y huevos'

>>> plantilla á '%(lema)s, %(s) y %(food)s'

>>> plantilla % dict(motto''spam', cerdo 'jamón', comida 'huevos')

'spam, jamón y huevos'

Tenemos que registrar que la aplicación de dict() para crear un diccionario a partir de argumentos de palabras clave discutidos en este tema se introdujo por primera vez en el capítulo 4 y se discutirá en todo el contenido en el capítulo 8; puede ser regularmente menos-litter medios adicionales para el literal de la unidad de la unidad de la cama. Naturalmente, la cadena de tema/sujeto en la llamada al modelo de formato también puede ser un literal que genera una cadena no permanente, y las categorías de elementos arbitrarias se pueden reemplazar en destinos muy similares al código %de la aserción:

>> "motto', "0' y ".formato(42, lema'3.14, agua'[1, 2])

«3.14, 42 y [1, 2]»

Al igual que con la aserción % y otras estrategias de cadena, el formato genera y recupera un elemento de cadena contemporáneo, que puede imprimirse al mismo tiempo o almacenarse para su trabajo posterior (recuerde que las cadenas son fijas, en ese caso significa que, el formato debe construir un nuevo elemento). El formato de cadena no está pensado para fines de exposición:

>>> X á """"",""""y".formato(42, lema-3.14, agua[1, 2])

>>> X

«3.14, 42 y [1, 2]»

>>> X.split(' y ')

['3.14, 42', '[1, 2]']

>>> Y á X.subtitute('y', 'pero bajo ninguna situación')

>>> Y

«3.14, 42 pero en ninguna situación [1, 2]»

Adición de claves, atributos y desplazamientos

Al igual que la aserción de formato %, las llamadas de formato pueden convertirse en más complejas para ayudar a una aplicación más avanzada. Por ejemplo, las cadenas de formato pueden identificar atributos de elemento y claves de diccionario que se presentan en la sintaxis estándar de Python, los corchetes identifican las claves del diccionario y los puntos denotan atributos de elemento de una alusión de objeto por posición o palabra clave. El primero de los ejemplos de procedimiento indexa un diccionario en la clave "spam" y, a continuación, recopila el atributo "plataforma" del elemento del módulo sys ya enviado. El segundo también realizas una cosa similar a la primera, pero identifica el elemento por palabra clave más bien than su posición:

>>> Import sys

>>> 'Mi número 1[tipo]- ejecuta el formato de la plataforma 0.'.format(sys, 'kind': 'laptop")

«Mi portátil funciona

　　win32'

>> 'Mi 'mapa[sort]' opera 'sys.plataforma".formato(sys'sys, mapa 'kind': 'laptop")

'Mi portátil funciona win32'

Los corchetes ([]) estructura en cadenas de formato puede identificar la lista y otros desplazamientos de secuencia para hacer la indexación, pero sólo un desplazamiento positivo trabajo sintácticamente dentro de las cadenas de formato, esta característica de [] no es general como la gente puede pensar. Al igual que con las expresiones %, para identificar los sectores negativos o para aplicar el resultado de aserción arbitrario en común, una persona tendrá entonces el mandato de expresión operativa en el exterior de la propia cadena de formato. Se supone que una persona debe tener en cuenta que la aplicación de *segmento en esta área para desempaquetar los objetos de una tupla en un papel personal es esencial en el estudio de las cuerdas fundamentales, como se discutió anteriormente en este libro:

>> alguna lista de lista ('SPAM')

>> alguna lista

['S', 'P', 'A', 'M']

>> 'primero'0[0]', tercero-0[2]'.formato (misma lista)

'primero,S, tercero A'

>> 'primero'0', last'1".format(somelist[0], somelist[-1]) á [-1] falla en fmt

'primero,S, último M'

>>> segmentos á somelist[0], somelist[-1], somelist[1:3] á [1:3] falla en fmt

>>> 'primero'0', último'1', medio'2".formato(*segmentos' O " en 2.7/3.1+

"primero, último M, medio['P', 'A']"

Sintaxis del modelo de formato avanzado

Otra comparabilidad expuesta por las expresiones % es que una persona puede lograr una disposición más específica añadiendo sintaxis adicional en la cadena de formato. Para el modelo de formato que las personas pueden usar, pueden aplicar dos puntos después del reconocimiento del objetivo de reemplazo posiblemente abandonado, seguido por un formato que especifica que tiene la autoridad/capacidad para identificar la justificación, el tamaño del campo y el código de categoría específico. Las estructuras de formato elaboradas aquí sobre lo que puede existir como destino de reemplazo en una cadena de formato contiene cuatro segmentos están a su discreción y deben existir sin entrecejar espacios:

•elemento nombre de campo ! indicador de conversión :formatspec.

En esta sintaxis de destino de reemplazo:

➢ Fieldname es un dígito voluntario o palabra clave que discerne un argumento, que a veces se puede excluir para

171

aplicar la numeración de argumentos asociativos en 2.7, 3.1 y versiones posteriores.

➢ Elementos en una cadena de cero o más ".identity" o "[index]" referencias aplicadas para recopilar distintivos y méritos indexados del argumento, que pueden quedar fuera para utilizar el valor de argumento completo.

➢ ¡La bandera de transmutación comienza con a! i si existe, que se lleva a cabo por r, s, o a para llamar a los roles repr, str o ascii incorporados sobre el mérito, respectivamente.

➢ La especificación de formato comienza con un: si puede estar presente, que luego se procede de un script que especifica cómo se debe dispensar el valor, incorporando detalles como alineación, precisión decimal, relleno, ancho de campo, etc., y termina con un tipo de datos voluntario Código.

El elemento de especificación de formato después de la naturaleza de dos puntos tiene un formato próspero en sí mismo ,y oficialmente relatado como sigue los corchetes implica elementos no obligatorios que no están codificados literalmente: [[fill]align][sign][][0][width][,][.precision][typecode]. En este caso, el relleno puede ser cualquier naturaleza de relleno diferente a la de la naturaleza de los signos, o a la que se puede alinear, por separado, como en el orden mencionado anteriormente. El signo puede ser +, o espacio; y la opción (coma) solicita una coma para varios aisladores a partir de Python 2.7 y 3.1. El ancho y la precisión son tanto como en la aserción % , y la especificación de formato también puede haber anidado cadenas de formato con solo identidad de región, para posesión de méritos del índice del argumento dynamically muy similar a la * en la aserción de formato.

Las opciones de código de tipo del modelo casi en su totalidad se intercalan con las aplicadas en % aserción/expresiones que se indizan en el cuadro 7-4 anterior. El modelo de formato también permite un código de tipo b utilizado para exhibir enteros en formato binario; esto es igual a aplicar la llamada bin integrada. Para permitir que el código de categoría % presente porcentajes y solo se aplica d a los enteros base-10 (i o no se emplea aquí). Una persona debe tener en cuenta que, a diferencia de %s de la aserción, el código de categorías aquí necesita un argumento de elemento de cadena; recordar el código de categoría para dar la bienvenida a cualquier categoría genéricamente.

Debe ver la guía de la biblioteca de Python para obtener información más intensiva sobre la sintaxis de reemplazo que excluiremos en este tema. Además de la estrategia de formato de la cadena, a veces un elemento se formatearía con el formato, como el elemento y la especificación de formato en el rol integrado, que utiliza su enfoque internamente, y a veces puede ser clases definidas por el usuario estandarizadas con formatos como el __ format__ modelo de sobrecarga del operador se puede leer esto en la Parte VI de este libro para obtener información.

Ejemplos de modelos de formato avanzado

Como un individuo puede decir, la sintaxis puede ser sofisticada en el formato del modelo. Dado que el m0ejor aliado de una persona en estos casos suele ser el procedimiento interactivo que se solicita en este tema, echemos un vistazo a algunas muestras ahora. En el procedimiento, el argumento posicional original en un 10 de naturaleza regional, el valor 1:<10 implica el segundo argumento posicional justificado a la izquierda en una región de 10 naturalezas, y el valor de 0,plataforma:>10, lo que implica que la plataforma atributo del primer derecho de argumento justificado en una región de 10 caracteres (se supone que una persona debe tomar nota de la aplicación de dict() para construir diccionarios a partir de argumentos de palabra clave:

>> "0:10' á '1:10".formato('spam', 123.4567) - En Python 3.3

'spam 123.4567'

>> "0:>10' á 1:<10 '.formato('spam', 123.4567)

'spam 123.4567 '

>> '-0.plataforma:>10' á 1[tipo]:<10'.formato (sys, dict(kind"laptop'))

' win32 - portátil '

En todos los casos, una persona puede excluir el dígito del argumento a partir de Python 2.7 y 3.1 los está seleccionando de izquierda a derecha con numeración automática asociativa, aunque esto hace que su código sea menos obvio, invalidando así una de las ventajas señaladas del modelo de formato sobre la aserción de formato de la siguiente manera:

>> ":10' ':10".formato('spam', 123.4567)

'spam 123.4567'

>>> ":>10' ':<10".formato('spam', 123.4567)

' spam á 123.4567 '

>>> '.plataforma:>10' á [tipo]:<10'.formato (sys, dict (tipo 'portátil'))

' win32 - portátil '

Dígitos de punto flotante que ayudan a códigos de tipo similares y especificidad de formato en el formato de llamadas de modelo como en % aserciones. Por ejemplo, en el procedimiento 2:g, esto implica que es el tercer argumento con el formato predeterminado, tal y como se indica en la representación de punto flotante "g", el formato de punto flotante "f" con solo dos números decimales y el valor 2:06.2f , anexa una región con anchura de seis naturalezas y cero relleno a la izquierda:

>> "0:e', '1:.3e', '2:g'.formato(3.14159, 3.14159, 3.14159)

«3.141590e-00, 3.142e-00, 3.14159'

>> "0:f', '1:.2f', '2:06.2f".formato(3.14159, 3.14159, 3.14159)

'3.141590, 3.14, 003.14'

Hex, los formatos binarios y los octales son ayudados por el modelo de formato de la misma manera, de hecho se argumenta que, el formato de cadena es otra opción para algunas personas a roles integrados que dan formato a enteros a una base dada:

>> "0:X', '1:o', '2:b".formato(255, 255, 255) - Hexágono, octal, binario

'FF, 377, 1111111'

>> bin(255), int('11111111', 2), 0b11111111 - Otro hacia/desde binario

('0b11111111', 255, 255)

>> hex(255), int('FF', 16), 0xFF - Otro a/desde hex

('0xff', 255, 255)

>> oct(255), int('377', 8), 0o377 - Otro hacia/desde octal, en 3.X

('0o377', 255, 255) á 2.X impresiones y acepta 0377

Los parámetros de formato se pueden codificar de forma rígida en cadenas de formato u obtenerse del catálogo de argumentos poderosamente mediante sintaxis de formato anidado, al igual que la sintaxis * en el ancho y la precisión de las aserciones de formato:

>> "0:.2f".formato(1 / 3.0) - Parámetros codificados de forma rígida

'0.33'

>> '%.2f' % (1 / 3.0) - Ditto para aserción

'0.33'

>> '-0:.- 1'f'.format(1 / 3.0, 4) - Tomar mérito de los argumentos

'0.3333'

>> '%.*f' % (4, 1 / 3.0) - Ditto para aserción

En conclusión, Python 2.6 y 3.0 también inicia un rol de formato integrado contemporáneo, que se puede aplicar al formato de un objeto. Es una forma más sucinta de otra manera con el modelo de formato de cadena y es más o menos lo mismo que dar formato a un objeto con la aserción de formato %. Según el hecho, el formato integrado ejecuta el modelo __format__ del elemento de tema, que el modelo str.format realiza desde dentro para cada objeto con formato. Sin embargo, es aún más locuaz que la primera afirmación de % que era igual aquí, y que en realidad dirige nuestra discusión a la siguiente parte.

Comparación con la expresión de formato %

Si ha pasado por las partes anteriores discutidas intensamente, se dará cuenta de que al menos para la aserción posicional, más específicamente en la aplicación modernizada con los códigos de categoría y la sintaxis de formato adicional. De hecho, en general, las aserciones de formato de casos de aplicación pueden ser más sencillas de codificar que el formato de llamadas a modelos, específicamente cuando una persona está utilizando el destino de reemplazo de cadena de impresión %s inclusivo, e incluso con la numeración automática de regiones anexadas en 2.7 y 3.1:

> print('%s'%s' % ('spam', 42)) - Modelo de formato: en todos
> los 2.X/3.X

> print("0'1".formato('spam', 42)) - Modelo de formato: en 3.0+
> y 2.6+

> print("".formato('spam', 42)) - Con numeración automática:
> en 3.1+ y 2.7

Moe sofisticado formato inclina a ser un empate en modismos de sofisticación, actividades extenuantes son comúnmente difíciles, a pesar del enfoque utilizado,y algunas personas a menudo perciben el modelo de formato como redundante.

Conclusión

¡Felicitaciones por terminar esta guía para principiantes! Espero que las diversas lecciones en cada capítulo y muestras incluidas le ayuden en su viaje para hacer programas más eficientes y más sofisticados. Python es uno de los lenguajes más fáciles de aprender, por lo que todo lo que queda es seguir practicando y jugar con las muestras para que puedas dominar realmente cada comando y el Intérprete de Python.